資格で人生を激変させた
「資格芸人」が教える処世術

「地味な資格」だけで人生は豊かになる

女と男
市川義一

Gakken

はじめに

収入アップや就職以外の資格の効力をご存じですか？

僕の本職はお笑い芸人。吉本興業所属で、「女と男」というコンビを組ませてもらってまして、その「男」のほうになります。名前は市川義一と申します。

だけどそれ以外に、数多くの肩書きを持っています。

あるときは、家電製品総合アドバイザーの市川義一。

またあるときは、ラグビーレフリーの市川義一。

またまたあるときは、ファイナンシャル・プランナーの市川義一……。

他にも、食品衛生管理者、ランニングアドバイザー、国内旅程管理主任者（添乗員をするときに使う資格）、温泉ソムリエ、サウナ・スパ 健康アドバイザー、などなど。これまで**47の資格を取得してきました。**現在は存在しない資格もあるのですが、自分で言うのも何ですけど、資格マスターかもしれません。この本では、そう自称しちゃうことにしますけど！

こんなにもたくさんの資格を持っているのは、少なくともお笑いの世界では僕くらいだと思います。取得した資格認定証をテーブルに並べるとなかなかの壮観です。

僕が**資格の魅力にとりつかれたのは、資格が自分を「想像しなかったすごい世界」に連れて行ってくれることを知ってから**です。

皆さんは「資格」にどんなイメージがありますか？

吉本興業所属のお笑い芸人が僕の本職。「女と男」というコンビを組んでいて、左が相方のワダちゃんで、右が僕・市川。

キャリアアップのためとか、就職や転職に役立つとか、趣味を充実させるためとか、そんなイメージが一般的ではないでしょうか。

僕にとって資格とは、もっと気軽で身近な存在。**1つ資格が増えるごとに、進める新しいステージが1つ増える、みたいな感覚**です。

たとえるなら、映画のヒーローがレベルアップしていくようなもの。自分が強くなって、新しい仲間が増えたり、新しい武器を手に入れたりできるようになる。それが僕にとっての資格です。

資格を持っていると、**周りに一目置かれる**ようになります。

資格を持っていると、**「先生」と呼ばれる**ようになります。

資格を持っていると、普通は知り合えないような人たちとの縁ができて、**果てしなく人脈が広がっていきます。**

自分の可能性を引き出してくれて、世界がどんどん広がっていく。この先何があっても大丈夫という、底知れない自信が湧いてくる。合格認定証が家に届いたときの「新しいパスポートを手に入れた感覚」は、何度味わっても色あせないうれしさです。
これから、そんな僕の資格人生についてお話ししていきます。

あらゆるジャンルをまたいでの比較はこの本だけ!

取得した資格ごとに「難易度」「習得時間」「人脈広がり度合」「取得にかかる費用」「収入アップ」を5段階で評価しています。

資格ガイドの本やサイトでもこういったものは見かけるかもしれませんが、僕が全部評価しているのが他と違うと思います。同じ語学系での比較、同じ介護系での比較はあるでしょうけど、**複数のジャンルをまたいでの比較はこの本だけ**でしょう。

なんでそんなことをしたのかというと、特にこの分野に！という希望があまりない場合でも、世の中にたくさんある資格の中で、どれを狙おうかと考えたときにでも参考になると思ったからです。

もちろん僕という1人の人間の評価なのでどこまでアテになるかはわからないとは思い

ますけど、50近い資格を取得してきたことから、資格についてはある程度の知見はあると自負はしています。

「資格取得には時間がかかる」というイメージを持つ人もいると思いますが、近ごろはオンラインで模擬テストから申し込みまで在宅でできる資格も多数あります。そうした気になる「試験方法」についても詳しく紹介します。

中には申し込んだだけで取得できる資格があったり、学科だけでなく実技もしっかりとある資格ももちろんあったりします。

また、運転免許や金融関係といったよく知られたものもあれば、**「えっ、こんな資格もあるの⁉」ときっとビックリされるような資格もあって**、僕もいろいろと取得してきました。あまり詳しく書いちゃうとこれ以上読んでもらえないかもしれないので……、詳しくは本編にて。なるべく楽しく読めるように、芸人らしく所々では面白おかしくもお伝えしますので、ご期待ください！

現在、「どんな資格を取ろうか」と迷っている人や、「この資格ってどんなメリットがあるの?」と知りたい人にとって、お役に立てる情報源となれば幸いです。

さらにはこの本を通じて、**資格の意外な一面、意外なパワー**を知ってもらえればと考えています。

それと、資格をもっと身近に感じてもらって、遊び感覚でもいいので取得して、僕がたくさん味わってきたように新しい世界へ資格に連れてってもらう体験も、1人でも多くの方にしてもらえれば嬉しいです。

2024年8月　女と男 市川義一

◆本書の内容は、著者が資格を取得した当時の内容となっています。その後変更があった可能性はあります。最新事情については、各サイトなどで調べてください。
◆各資格の「難易度」「習得時間」「人脈広がり度合」「取得に要する費用」「収入アップ度」を、それぞれ5段階評価でつけています。ただし、あくまで著者の当時の体験に基づくものであり、著者独自の判断によるものです。数値はおおよその値です。公式に発表されたものではありません。

目次

第2章 資格の意外に知られていない絶大なパワー

第3章 資格でこんなに儲かった&得をした

第4章 資格を持ってるだけで、想定外すぎることが起きました。

CONTENTS

第5章 資格で今、生かされている

CONTENTS

装丁デザイン　小口翔平、畑中　茜（tobufune）
本文デザイン・DTP　荒木香樹
編集協力　山本櫻子
校　正　合田真子
企画協力　松野浩之、神里尭明（吉本興業）

第1章

誰でも取れる超簡単な資格

何もアピールするものがない自分から卒業しよう

履歴書を書くとき、資格の欄をどれだけ埋められますか？

企業の人材部門が書類選考をするとき、似たような経歴の２人がいたとします。一方は資格の欄がびっしりと埋まっているけど、もう片方は１つか２つしか書いてありません。どっちが有利でしょうか？

おそらく、資格の欄が埋まっているほうですよね。資格をたくさん持っている人のほうが、それだけ能力が高くていい人材と判断されやすいと思います。

選考に受かって喜ぶ人と落ちてガッカリする人を分けるのが、この資格欄が埋まっているかどうかの差だとしたら？　ここを埋めるのに越したことはありません。

でも、じゃあ自分にどんな資格があるのかと考えたときに、そんなにたくさん持っているわけじゃない。

「しょうがない、これでいっかー」と諦めて出す前に……、ちょっと待ってください！

「資格を取るには勉強しないといけない」「だから、今からじゃ間に合わない」なんて考えてしまうかもしれませんが、本当にそうでしょうか？

実は**勉強しなくても、時間をかけなくても、サクッと取れてしまう資格がある**んです。

たとえば、Ａｍａｚｏｎで買い物をするように、ネットでワンクリックして取得できるような資格があるとしたら？　しかも費用はそれほどかからない。

「えっ、そんな資格があるの⁉」と驚いた人。知らないと損ですよね？

資格は「勉強しないと取れないもの」ばかりではありません。そこで最初にお伝えしたいことがこれです。

「資格に対する固定観念を払拭《ふっしょく》してほしい」

勉強しなくても、そんなに時間をかけなくても取れる資格はたくさんあります。

資格は「キャリアアップのため」とか「就職や転職に有利になるため」とかいう固定観念を持っていれば、こうした資格があることを見落としてしまいます。

「その資格を取るのはなんのため？」と理由づけから入ってしまう人も、資格をあまり持っていない人の特徴だと思います。

別に、資格を取るのに理由なんていらないのです。僕の場合は、**資格を取ったあとに理由が発生することもあります。**この第1章では、まずはそんな話からしていこうと思います。

勉強しなくても絶対に取れる「カッパ捕獲許可証」

勉強せずにネットでワンクリックして取得できる資格があります。僕が取った資格の中で、その代表的な1つを紹介しましょう。それは**「カッパ捕獲許可証」**。「えっ、何それ⁉」って思いますよね。カッパって、そうです。あの未確認生物のカッパのこと。自分で取っておきながら言うのも何ですが、なかなか斬新な資格です（笑）。

この資格は、岩手県遠野市の観光協会が発行しています。

ネットで誰でも申請ができて、試験は不要。交付のための220円と、許可証の郵送代を含む、たった300円ほどを払って僕はこの資格を取りました。

手元にある許可証の裏には「カッパ捕獲7カ条」が書かれています。**この資格を持っていれば、カッパを捕獲した際に1000万円の賞金がもらえる**んです。

「その資格、何の役に立つの？」と思うかもしれません。僕も取得したときは、正直この資格がたいして使えるものになるとは思っていませんでした。ところが後日、意外なほど役に立ってくることになります。

僕はかれこれ20年近くお笑い芸人を続けているのですが、恥ずかしながら1度もM－1グランプリの決勝に出場できたことがありません。それを周りにいじられることも多いのです。

あるとき、「M－1グランプリで優勝して賞金1000万円は難しそうなんで、カッパを捕獲して賞金をもらおうと思ってるんですよ」と話しました。

周りに「何それ……？」と突っ込まれたので、すかさず認可証を見せて、カッパ捕獲の条件を読み上げました。

「1、カッパは生捕りにし、傷をつけないで捕まえること。　2、頭の皿を傷つけず、皿の中の水をこぼさないで捕まえること。　3、捕獲場所は……」

すると笑いが起きました。

しかも許可証を見て、「待って、市川さん。気をつけないとこれ、有効期限1年って書いてありますよ！」と言われました。

「あ〜、ホンマや！　運転免許証みたいに、更新せなあかんかった……」と返す僕。

さらに笑いが起きて、その場が楽しい雰囲気になりました。

カッパ捕獲許可証は僕が持っている**47の資格の中でも、最もインパクトがある資格のよう**です。

資格の話に興味がない人でも、年齢問わずこの資格には食いついてくれます。**話題のとっかかりには最適**だと気づきました。

僕は資格マスターとして、今ではさまざまな属性の方の前で話をする機会が増えました。そこでカッパ捕獲許可証は、話す入り口の「つかみ」としてかなり重宝しています。

この生涯使えるネタを、時間も労力も使わずたった300円ほどで手に入れたのですから、こんなにコスパがいい資格もありません。

お笑い芸人という僕の職業に限らず、これは使える資格だと思います。今すぐ取得して、たとえばバイトの応募でも履歴書の資格欄に「カッパ捕獲許可証」と書いてみてはどうでしょうか。

きっと面接官が、「これって何ですか?」と聞いてくると思います。**緊張しながらありきたりな話をして選考に埋もれてしまうより、自分のことを覚えてもらえる**気がしませんか?

資格って実は、めちゃくちゃいいコミュニケーションのツールになるんです。たとえば、自分のキャラクターをアピールできるような資格を1つ持っていれば、自己紹介でずっと使えるネタになります。資格ってそんな感覚で、気軽に手を出していいと僕は思います。

ちなみに、カッパ捕獲許可証。このユニークな資格は、岩手県遠野市に伝承するかっぱの民話に由来しています。

明治時代に出版された地域の伝承を記す『遠野物語《とおのものがたり》』の中で、カッパにまつわる逸話が多く語られています。遠野市では、昔から市内のあちこちでリアルなカッパ目撃談が残されているそうです。

目撃者の証言は、過去に全国紙でも報道されました。遠野市の観光施設などでは、そうした目撃談から作成されたモンタージュが張り出されています。

カッパ捕獲許可証は、遠野駅から少し離れたところにある「カッパ淵」という小川で、カッパ探しを許可するためのものです。

現地に行けば顔写真付きのグレードアップした許可証を発行してもらうこともできて、ゴールドに昇級すればお土産コーナーの割引券として使える特権もついてきます。

都市伝説や未確認生物が好きな人なら、この資格は持っておいて損はないと思いませんか？

カッパ捕獲許可証

難易度 ★
習得時間 ★（10分）
人脈広がり ★★★★
費用 ★（220円＋許可証郵送代）
収入アップ ★★★★★（最高1000万円⁇）

申込み方法　**オンライン**

一口メモ
気になった人は、さっそく今からサイトにアクセス！　あっという間に資格が取れちゃう体験をしてみよう。

しっかり話を聞いたら取れる資格「食品衛生責任者」

シャレが効いたものというわけではない……というか、オーソドックスな資格についてもお話しします。**勉強せずに簡単に取れる資格の2つ目は、「食品衛生責任者」**。

食品衛生責任者なんて、いかにも「勉強しました」っていうふうに見える資格ですよね？　ところがこちら、意外にもあっさり取れてしまいます。

食品衛生責任者は、飲食店の営業や食品製造に携わる際に必要な資格で、**厚生労働省が管轄するれっきとした国家資格**です。

食品に関する正しい衛生管理知識を持って、管理できる技能を証明するために取得します。**飲食店を営むには、1店舗に1人、この資格を持っている人を配置しなければいけません。**したがって、飲食店の店長クラスや料理長はほとんど、この資格を持っています。

僕は過去に牛丼チェーンの吉野家でアルバイトをしていたのですが、そのときにこの資格の存在を知りました。

店内の壁に食品衛生責任者のボードが貼られていて、店長の名前が書いてありました。それがすごく、かっこよく見えたことを覚えています。あとになって、それを思い出しました。

僕も将来、飲食店を営むことがあるかもしれません。取っておいて損はないだろうと、ネットで調べはじめました。

そこで、1日講習を受ければこの資格が取れることを知ります。「あんなにかっこよく見えた資格が、それだけで取れるの!?」と驚きました。

ネットで申し込みをして、当日、会場に行きました。周りを見渡すと若い人から40代くらいの人までいて、年齢層は幅広い。何人かに話しかけてみると、ガストの店長や鳥貴族の店長など、普段よく利用する飲食チェーンの店長ばかりでした。

その中に一人、無関係の僕。よそ者感がすごい（笑）。皆さん、資格を取る動機は「店長になったらこの資格を持ってないとダメだから」という感じです。趣味でこの資格を取る人はあまりいないのでしょう。なんとなくスパイをしているような気分になりながら、講師の方による講習が始まりました。

内容は食中毒の危険性やアルコール消毒の方法などについてでした。特に難しい話はなくて、講師の方が途中で「ここ、あとで出るから覚えておいてね」と言います。

講習を受けた後に数問の簡単なテストを受けますが、なるほど、そこが本当にテストに出ました。

朝9時くらいに集まって2、3時間講習を受けて、お昼休憩を挟んだあとに午後も2、3時間の講習を受けます。そのあと、1時間くらいのテストを受けて夕方前には帰れました。

講習中に居眠りでもしていなければ、テストに落ちる人はいないと思います。後日、郵送で合格証が送られてきました。

申請の際に1万円くらいの費用を払って、当日は会場に行き、こうした流れで資格を簡単に取得できました。事前の勉強はいっさい不要です。

食品衛生責任者の資格は地域別に認可されますが、**効力は全国共通**です。僕は京都府で資格を取得しました。

この資格を取ると、店内に掲示するために自分の名前を書き込めるプラスチックのボードをもらえます。このボード、「白」が多いのですが、京都では「青」なんです。これが特別感があってかっこいい！

食品衛生責任者の資格は、飲食店を開業するときだけじゃなく、たとえば自宅やどこかを間借りして食品を販売する際にも、保健所の許可を得るには必要な資格です。

申請時に払う1万円ほどの費用が少し高いと感じるかもしれませんが、**一度取得すれば更新は不要でずっと使えることを考えれば、費用対効果は高い**と思います。

それと現在、飲食店関係で仕事やアルバイトをしている人なら、この資格を持っているとやる気があると思われて、昇給や店長候補にしてもらえるきっかけになるかも（？）しれませんよ！

食品衛生責任者

難易度	★
習得時間	★（1日）
人脈広がり	★★★
費用	★★★（講習代＋試験代1万円）
収入アップ	★★★
試験方法	試験会場にて受験

一口メモ

会場に足を運ばずに、eラーニング方式による講習会を修了すれば、在宅で取得できる地域もあるようです。

家にいながら24時間いつでも取れる「タイピング技能検定」

パソコンで事務仕事やメールの返信をするときにブラインドタッチができれば、圧倒的に作業効率が上がります。

タイピング技能検定を知ったのは、オンラインで仕事のやり取りをする機会が増えたコロナ禍に入ってからでした。ステイホーム生活の中で、会場に行かなくても**オンラインで受験できる**のは魅力的でした。しかも、空いた時間を使って**24時間いつでも受験ができます。**

僕はネタを考えるときもパソコンを使うので、憧れのブラインドタッチを目指して受験することにしたのです。

タイピング技能検定は、**8級から1級、さらに上の特級まで入れて全部で9つもの階級があります。**

試験内容は単キーテスト（アルファベットのみの入力）、カナテスト（ローマ字によるひらがな入力）、単語テスト、短文テスト、長文テストと全部で5つの項目があって、階級の難易度に合わせてこの中から出題されます。

8～7級は入門レベル、6～5級は初級レベル、4～3級は中級レベル、2級以上は上級レベル。3級から6級までは単キーテスト、カナテスト、単語テストの3つの項目が出題され、比較的簡単に合格できます。

上級レベルをクリアすればオフィスワークで使える充分な技能と判定され、最上級の特級まで到達すればキーパンチャーと呼ばれるデータ入力の専門家レベルのスキルと判定されます。

自分の現在のレベルに合った難易度を選んで受験できて、合格すれば試験結果と一緒に合格認定証がもらえます。


ITスキルを必要とするジャンルや、パソコンを使ったデータ入力などの事務作業の仕事に応募する際は、タイピング技能検定は持っておくと有利になるはずです。

今では在宅でできる動画の文字起こしのアルバイトなども見かけます。中級以上をクリアできれば、そうした選考でも役に立ってくれそうです。

空き時間に在宅で取れるのも魅力ですが、この資格のいいところはなんといっても**遊び**

ながら取れることでしょう。ディスプレイに表示される文字を入力していくというわかりやすい試験方法なので、ゲーム感覚で取得できます。

受験する前に、まずは自分の現在のタイピング能力のレベルを知るための模擬試験を受けられます。

各階級の難易度をチェックして、

「まずは6級を受けてみよう」

「え、やってみると楽勝だった！」

「じゃあ、飛び級して4級を受けてみよう」

「これは合格ラインに届かなかった。でも少し練習すればイケるかも？」

っていう感じで、受験する階級を選べます。

受験には階級に合わせて1650円から5500円の受験費用がかかりますが、それぞれの階級の**模擬試験は無料で何度でも受けられます。**ここがこの検定のおいしい点です。

つまり、**合格ラインに到達するまで模擬試験で繰り返し練習ができるので、絶対的な自**

信がついてから本試験に挑めます。

受験に費用を払う以上、落ちたらガッカリしますよね？　お金を無駄にせずに確実に資格を取得したいなら、この資格はうってつけ。**合格ラインを超えられる階級を受験すればいいので、取りっぱぐれしにくい資格**といえます。

特に日頃からパソコンを使って作業をする人なら、練習もせずにあっさり上級をパスできる人もいるかもしれません。

すでに持っている能力があるのに、資格を持っていなかったせいでアピールできていなかったって考えたら、すごくもったいないと思いませんか？　履歴書の資格欄に書かなければ、せっかくの技能も周りには見えません。

この資格のいいところはさらにあって、**年齢制限がない**ところ。受験に対応する**オンライン環境とパソコンさえあれば、誰でも、いつでも受験できます。**

20代を中心に人気がある検定ですが、在宅でできる気軽さからか80代、90代の受験者もいて、難易度が高いレベルに合格する高齢の方もいるようです。頭の体操にもいいのかもしれません。

僕は当時小学生だった息子と一緒に、この資格を取りました。

模擬試験の結果はその場ですぐに見られるので、スコアを見ながら、

「あー負けたー！」

「やったー、勝ったー！」

なんて言い合いながら、楽しく練習ができました。

こうして家族や友だちと競いながらやると、上達も早くなること間違いなしです。


さらに僕の場合、この資格を取ったことで、本業のお笑いで使えるネタが1つできるというメリットもついてきました。ネタのタイトルはそのまま、「タイピング検定の試験」です。

内容の一部を紹介すると、こんな感じ。

よ〜し、今日はタイピングの試験やるで！
なになに？　パソコンの画面に映し出された言葉をキーボードで打ち込んだらいいねんな
まずは、『カナを打ってください』か

これは簡単やな、よしっ

「し」「た」「を」「み」「な」「が」「ら」「う」「つ」「な」

え？　こっちが見えてんの!?

「お」「ま」「え」「は」「あ」「ほ」「か」

誰がやねん！　なんかムカつくなー。

えーっと、次は「出てきた単語を打ってください」か。オッケー、こいこい!!

「暗黒《あんこく》」「闇夜《やみよ》」「虚無《きょむ》」「玉砕《ぎょくさい》」「死神《しにがみ》」「絶望《ぜつぼう》」

う〜ん、なんか言葉のチョイスがしんどいわ……。

「負け犬」「チビ」「メガネ」

これ、僕への悪口ちゃうか……!?

こんなネタまでできちゃいました。
ちなみに、友だちや家族と競争しながらやるなら、さらにゲーム感覚で楽しくタイピングの練習ができるサイトもあるので、ネットで検索してみてください。

タイピング技能検定8級

難易度	★
習得時間	★（1日）
人脈広がり	★★
費用	無料
収入アップ	★★
試験方法	オンライン

一口メモ
8級は無料で本試験を受験できるが、合格すれば合格証（有料）ももらえる。

飲み会や合コンで人気者に！「ダグラス・マッカーサー検定」「駆け落ち検定」

一口に資格といっても、その種類は多種多様。国家資格もあれば民間資格もあるし、あまり知られていない特殊な能力をはかる技能検定もあります。すべてを網羅すれば、諸説あるようですが、日本にはおよそ3000もの資格があるといわれています。この数の多さから見て、日本人は資格が好きな人種といっても過言ではないでしょう。

関西の番組で知り合ったおばちゃんたちと話していると、「あんた、資格たくさん持ってて賢いなぁ〜」と手放しに尊敬してくれることがあります。実力主義のアメリカでは、こうはいかないのかもしれません。**日本人は目に見えない経験値よりも、資格という目に見えるものを好む傾向がある**のかもしれません。

そんな資格文化が盛んな日本では、ネットで検索すると〝その道に詳しい人〟が独自に作ったおもしろい資格が見つかることがあります。僕はそんなユニークな資格を探すのも好きです。

現在はあいにく受験することができなくなっているようですが、その1つが**「ダグラス・マッカーサー検定」。**

ダグラス・マッカーサーといえば、言わずと知れたGHQの最高司令官。きっと歴史に詳しい人が趣味で作った検定だったのでしょう。設問は4択で答えを選ぶ形式で、ダグラス・マッカーサーの功績や出身地を当てるといった内容でした。


学生時代にさんざんやらされた歴史のテストは憂鬱《ゆううつ》だったのに、こうやって**切り口を変えると楽しみながら受験できる**から不思議です。

間違えると、それなりに悔しい。正解をネットで調べてみると、教科書には書いていなかったダグラス・マッカーサーの知識が増えていきました。

たとえば、ダグラス・マッカーサーって野菜のレタスを日本に広めた人なんですが、知っていましたか？　戦後、神奈川県の厚木基地に駐在しているアメリカ兵にレタスを食べさせたいから、そこから少し離れた海老名市でレタスの栽培を始めたといわれています。

今でも海老名の農家さんはこれを受け継いでいて、海老名産のレタスは「マッカーサーレタス」って呼ばれているんです（諸説あり）。

他にも、ネットで見つけた**「駆け落ち検定」**も取りました。駆け落ちって、恋する男女が周りの反対を押し切って行方をくらます、あれです。

実は駆け落ちにも歴史があるんです。ほとんどの人は知らないと思いますが、日本の暦《こよみ》上には「駆け落ちの日」があります。1月3日は駆け落ちの日です。

1938年、当時トップスターだった女優の岡田嘉子さんと若手舞台演出家・杉本良吉さんが恋愛関係になり、国境を越えて当時のソ連へ亡命したことで、大きなスキャンダルとなったそうです。そこで、実行された1月3日が「駆け落ちの日」になりました。

さらに駆け落ちの歴史を遡《さかのぼ》れば、江戸時代の文献にも駆け落ちした男女が描かれていました。駆け落ちの語源は「欠落」です。

昔、町村で管理する戸籍を記した人別帳《にんべつちょう》というものがあって、そこから2人の名前が欠け落ちてしまうことからそう呼ばれるようになったようです。

海外ではヨーロッパの貴族社会で、駆け落ちが頻発していたこともわかってきます。駆け落ちは悲劇的な結末を迎えるケースも多くて、その悲恋の物語がオペラになったり、映画になったりしてきました。

……と、こうした**雑学的な知識が増えていくのも、僕の場合、資格がきっかけ**です。

こういう話って自分では調べないけど、人から教えてもらうと面白くて、ちょっと得した気分になりませんか？　これぞ酒のツマミになる話。

僕はお酒が強くないのですけど、**飲み会でこうした話を披露《ひろう》するとみんなが興味を持ってくれて人気者になれることも多い**のです。

ダグラス・マッカーサー検定（※現存せず）

難易度	★
習得時間	★（30分）
人脈広がり	★★★★★
費用	無料
収入アップ	★
試験方法	オンライン

駆け落ち検定（※現存せず）

難易度	★
習得時間	★（30分）
人脈広がり	★★★★★
費用	無料
収入アップ	★
試験方法	オンライン

一口メモ

ネットで探せば、知らなかったユニークな資格や、すぐにでも受験したくなる自分にぴったりの資格が必ず見つかる！

留守番電話に吹き込んで受験「声優能力検定」

テーマがユニークな資格も多いけど、受験方法がユニークな資格もあります。

「声優能力検定」がそれです。なんと、**留守番電話に吹き込む方法で受験します。**会場に足を運ぶわけでもなく、オンラインで受けるわけでもなく、持っているスマホで受験ができるという特殊な検定です。

声優能力検定は声優やナレーター、アナウンサーを目指す人にとっては興味が湧く資格だと思います。だけど、そうじゃない人も、自分の声優能力って試してみたくないですか？　この資格で知ることができます。

最近はVTuberや、音声SNSを使った配信などで人気を集める人が増えています。もし、この検定で好成績を取れれば、**あなたも「声の演者」という新たな才能を開花できるかもしれませんよ⁉**

階級は5級から1級までの5つあります。僕は合格率が30％台と言われている3級を受

験しました。

受験の申し込みもスマホでできて、ポチッとしたら後日、**試験問題が自宅に郵送されてきます。**送られてくる内容は早口言葉やナレーションの文章です。

たとえば、「こんにちは」という一言を、臨場感を持っていろんなパターンで発声する、という問題が出されます。「こんにちは」を明るい感じで言ってとか、暗い感じで言ってとか、そういうことです。

「こんにちは」なんて1つの感情でしか言ったことがなかったので、そうやって発声すること自体、初めての体験でワクワクしました。

チェックポイントは、噛《か》まずに読める滑舌《かつぜつ》の良さや、声の使い分けなどです。

採点は人の耳だけでなく、音声の分析プログラムシステムも使って本格的に審査されます。しゃべり方のリズムや感情の込め方なども審査には関わってくるようです。

受験本番では、専用の電話番号にかけて、アナウンスに従って音声を吹き込みます。**電話できるのは一度きり**なので、これに関しては初心者なら事前のトレーニングが必要でしょう。

僕も声優になったつもりで言い方のニュアンスを研究しながら、問題文を何度も読み上げてトレーニングしました。

トレーニングといっても、部屋にこもってずーっと独り言をしゃべっているわけですから、家族にはかなり変な目で見られましたが……。

一人でブツブツ言っている僕を見て、妻には「おかしくなったんじゃない？　何か怪しい団体に入った？」って怪しまれる始末（笑）。

当の本人は、むかし聞いたラジオドラマなんかをイメージしながらやっているので、けっこう楽しいのに。勉強しているなんて意識はありませんでした。

そんな努力が実って検定には無事、合格できました！

受験した感想としては、**受験中の録音環境が大事**だなと思ったことです。

たとえば、電波が悪くて途中で途切れそうになったり、受験している途中で周りの騒音が入ったりすると集中できません。自宅で受験していると家族が突然、部屋に入ってきて録音に失敗する、なんてこともありそうなので注意が必要でしょう。

とりわけ難易度が高い２級、１級では、小説の朗読や感情を込めて詩を読むといった出題なので、録音時の環境作りはさらに重要になってきます。自宅で万全の環境を整えてから電話をかけることをお勧めします。

僕はこの検定を受けたおかげで、番組のナレーションをするときやラジオの仕事が以前より楽しくなりました。台本を読んで自分なりに「ここは声に抑揚《よくよう》をつけてこう言ってみよう」って工夫をするようになったんです。

初めて俳優の仕事をしたときにも、練習した成果を発揮できました。映画『笑いのカイブツ』に出演したときです。僕が演じたのは、主人公のバイト先のちょっと陽気な先輩という役どころでした。

台本に書いてあったセリフ「ありがとう、女将さん」のワンフレーズについて、どう言おうかと考えました。配達先の女将さんに仕事をしながら軽くお礼を言うシーンです。

台本上の文字だけで見る「ありがとう」には感情がのっていません。だけど、シーンのシチュエーションやキャラクター性を考えれば、「軽快に言ったほうがいいな」とか、「言葉通りの『ありがとう』の意味100%じゃなくて70%くらいで言うのが、しっくりきそう」とか、そんなふうにいろいろとイメージが湧いてくるんです。

こうして普段から仕事で声のトーンを意識するようになったおかげか、街中で僕の声を覚えてくれる人が増えてきた実感がありました。たとえばタクシーに乗ったとき、顔を見ても気づかれなかったのに、しゃべった声を聞いて運転手さんに「あれ、市川さんですか?」と話しかけられることが増えていきました。

もし、**初対面で人になかなか覚えてもらえないっていう人がいたら、原因は抑揚のない声のトーンにあるのかもしれません。**この検定で声の能力を磨いてみてはどうでしょうか?

声優能力検定は芸能界でも人気の資格で、ロンドンブーツ1号2号・淳さんもこの検定に合格しています。

声で飯が食える時代と思えば、この資格も持っておいて損はなさそうです。

声優能力検定3級

難易度 ★★★

習得時間　★★
人脈広がり　★★★★
費用　★★★（試験代8800円）
収入アップ　★★
試験方法　留守番電話に吹き込んで録音提出

一口メモ

音声SNSの急伸や、顔出しをせずに「語り」だけで趣味を配信するVlog（ブログの動画板）など、声の演者が増えている。この検定で新しい才能が目覚めるかも!?

第2章

資格の意外に知られていない絶大なパワー

厚い信頼まで獲得できた「ファイナンシャル・プランナー」

僕は学生時代からコンビを結成して、芸人を目指していました。でも当時の相方が芸人を辞めることになって、コンビを解散しました。相方が警察官になったことを機に、僕も金融関係の会社に就職します。

1年間サラリーマンをしていましたが、芸人になる夢を捨てきれなくて仕事を辞め、また芸人になる道に戻ってきました。新しいコンビ「男と女（※現在は「女と男」に改名）」を結成して活動を開始するも、なかなか売れない……。だけど3年くらい経った頃、関西で相方だけがピンの仕事で売れ始めました。

相方のワダちゃんは週に5、6日は仕事が入っているのに、僕は週に1日だけとか、そんな日が続きました。そこで空いた時間をアルバイトで埋めるのもいいけど、それより資格を取ろうと考えました。

きっかけは、たまたまラジオ番組でとあるファイナンシャル・プランナーの方と一緒になったことです。その方は元芸人。芸人を辞めてから営業の世界に飛び込んでトップセールスになるなどし、活躍している方でした。

「市川くん、大学で経済学部出たんなら、お金の芸人やったら面白いんちゃう?」。その人にこう言われて「なるほど！　その手があったか」と思いました。「ほんなら僕も、資格取ります！」となったわけです。

もともと、お金には興味がありました。ファイナンシャル・プランナーの資格（僕が取得したのは、FP技能検定）は、生活をするうえで必要になってくるお金全般の知識を広く学べる資格です。

具体的には、「ライフプランニングと資金計画」「リスク管理」「金融資産運用」「タックスプランニング」「不動産」「相続・事業承継」の6つのカテゴリーに分かれていて、それぞれの分野を体系的に学びます。**どれも「知らないと損をする」知識ばかり**です。

この資格を取れば、ファイナンシャル・プランナー（以下、「FP」とも記載）になって人にアドバイスできるようになることはもちろんですが、何より自分自身がお金に強くなれます。

当時はまだそこまでメジャーじゃなかったこの資格を取ることを決め、専門スクールに通い始めました。この資格こそ僕が初めて取った資格で、その後、資格マスターになっていく道を切り拓いたスタートでもあります。

時は今から15年ほども前——当時の芸人の金銭感覚って、ハッキリいって、かなりテキトーでした。入ったお金は遊びにパァーッと使っちゃうし、お金がなくなったら先輩に奢《おご》ってもらって食って飲んで、なんとかなるっていう感じです。

周りの芸人友だちも貯金なんてしないし、「宵越《よいご》しの銭は持たない」なんて雰囲気。だけど吉本所属の芸人はほとんどが個人事業主なので、お金の出入りは自分で管理しないといけませんでした。

そこで、てんやわんやになるのは毎年、確定申告の時期です。個人事業主は毎年、3月に昨年1年間の収入から必要経費を引いて所得を算出し、税務署に申告しなければいけません。ただし、収入が一定以下の低所得では申告が不要になるケースもあります。

そもそも仕事が少なくて収入が雀の涙ほどしかない芸人も多い中で、「確定申告って何？　やったことない」っていう人もいました。

けれども、売れ始めると急に収入が増えるケースもあります。確定申告は収入に応じた税額を決めるために必要なので、申告をしなければ悪意がなくても脱税と見なされてしまう場合があります。

一方で会社からもらう報酬は所得にかかる税金が引かれて振り込まれるので、低所得の場合は確定申告をすることで、年間の収入に対して払い過ぎた税金があれば還付されるというメリットもあります。

でも、この仕組み自体を知らない人がほとんどでした。会社勤めの経験をせずにお笑いの世界に入ってくる人もいるので、仕方ないといえば仕方ないのかもしれません。

そこで僕は、FP技能検定の資格を活かして、そんな友だちに**給与明細の見方や、年明けに会社から送付される支払調書の意味を教えてあげていました。**そのうちに評判が広がって(?)周りに頼られるようになっていきます。

「市川、ごめん。支払調書とかいうのが届いたけど、これって何?」。2月になると、芸人友だちや先輩からこんな電話がひっきりなしにかかってくるようになりました。頼ってもらえると人間、悪い気はしません。むしろ嬉しい。

最初は一人ひとり電話で教えていましたが、数が多くなると追いつかなくなってきました。そこで会議室を貸し切って、30人くらい集めて教えたこともあります。

給与明細や支払調書のサンプルを見せながら、みんなの前で、

「ここに書いてあるのがあなたの年間の収入ってことですよ」

「ここから経費を引いたのを〝所得〟といいます」

「収入が〇〇〇万円までなら税率はこのくらいですよ」

とか、そんな感じでお金の基本的な知識を教えていたのです。

FPは、個人の収入に応じたライフプランを組み立てるにあたって、**お金のアドバイスをしてあげられる専門家**です。

その延長で「今度、結婚しようと思ってるんやけど、このくらいの貯金でマンションを買えるかな?」というような、人生のイベントに際したお金の相談を受けることも増えていきました。

冠番組をいくつも持つあの人気コンビや、M-1グランプリで優勝して一躍有名になったあのコンビの収入事情が、僕のもとにわさわさと集まってきます……。

そこで気づきました。普通、自分の収入って人にはあんまり言いたくないですよね？

でも、お金の資格を持っている人には割と簡単に言っちゃいませんか？　**お金の資格は他の資格にも増して人から信用してもらえる**ようにも思ったんです。

そんなわけで最終的には、当時、関西で活動していた吉本芸人の貯金額はほぼ知っていました。

もちろん、そうやって知った情報を口外はしませんが、

「ニイさん、こんなにもらってるんや！」

「あれだけ売れたら、年収はこのくらいになるのか」

と、もう1つの意味で、僕はお金の事情にさらに詳しくなっていきました（笑）。

FP技能検定3級

難易度　★★★★
習得時間　★★★（3ヶ月）
人脈広がり　★★★★★
費用　★★★★（試験代8000円（学科と実技）、専門学校代2万円）

収入アップ ★★★★★

試験方法　試験会場にて受験

一口メモ

FP技能検定は、3級は独学で勉強して取得することも可能。2級からは証券会社や保険会社、会計事務などに携わった実務経験が通算2年以上必要になる。

詐欺まがいから身を守れた保険の資格

皆さんは保険に入るとき、どうやって探しますか？

ケガや病気になったときの医療保険、自動車の保険、火災保険、学資保険など、保険にはいろんな種類がありますよね。そんな保険を販売している保険会社も数多くあります。

ほとんどの人は保険の代理店に行って相談したり、ネットで調べて目的に合った保険を自分で探したりして契約をすると思います。

でも、そうやって探すとだいたい、その保険のいいところばかりに目がいってしまいがちです。チラシの最初のページにデカデカと書いてあるようなことです。ここに惹かれて契約する人が多いのですが、実は、それ以外の部分に落とし穴があることも珍しくありません。

保険の資料には「特約」「満期返戻金《へんれい》」「予定利率」といった専門用語が出てきます。「保険価額」と「保険金額」は似ていますが意味は違うなんて、ややこしいものもあるくらいです。ここに注意しないと、本当に自分にとって必要な保険を選び損ねることは、十分にあります。

僕は結婚を機に、保険の契約を検討していました。保険の代理店に行って相談すると、いくつかの保険を紹介されました。話を聞いて、これが良さそうだなという保険もありました。だけど、家計のことは妻と相談しないといけません。その場で即決はせずに、資料をもらって帰ることにしました。

自宅で改めて資料や契約書を机の上に並べて妻と内容を読んでみると、難しい専門用語に妻はお手上げ状態でした。でも、FPの資格で保険について学んでいたせいか、自分で言うのも何ですが、僕は細かいところまで読み解くことができたのです。

資料を見せながら妻に説明をしていたのですが、そのときにおかしさに気づきました。よく見ると、窓口で提案してもらった時点では僕が一番いいと思っていた保険は、他よりも返戻金（解約や満期を迎えた場合に返してもらえるお金のこと）が少なかったのです。窓口では説明はなく、話題にものぼらなかったことでした。

「なんでこれを勧めてきたんやろう……」。腑《ふ》に落ちなくて考えていると、ハッとしました。その保険商品は、**保険会社が最も儲《もう》かる仕組みになっているタイプの商品だった**のです。

もちろん、保険会社もボランティアでやっているわけではないので、利益を上げるための行動に出るのは当然です。ですがそれに伴って、契約者であるお客さんの希望にそぐわない商品を一推ししてしまうことだってあるのです。

あまり大きな声では言えませんが、保険を販売する人にも社内ではノルマが課せられていて、契約を取ればその分、バックマージンが入ってくるような仕組みもあります。

僕が勧められた保険は、販売を強化するキャンペーンが張られていたか、紹介する側にとってバックマージンが高額な商品だったのかもしれません。

「危なかった！　騙されるところやったわ……」。こうやって気づけたのも、資格を持っていたおかげです。

ＦＰ技能検定は保険の大まかな仕組みは学べますが、各社が販売している保険商品の中身までは学びません。僕はこの経験から、各社の保険についてさらに詳しく知りたくなってきました。

そこで、当時つながりがあった保険代理店の方に協力してもらい、事務所に所属しながら生命保険代理店で働いたりできるようになる「生命保険募集人」の試験を受験することにしました。この資格の取得を通じて、保険に特化して学べるので、保険の仕組みに詳しくなれそうだと思ったのです。

生命保険募集人は、各生命保険会社や代理店の従業員に向けた資格で、保険商品を人に

紹介して販売する際に持っておかないといけない資格です。

この資格を持っていると、人に保険商品を販売して契約の手続きをしたり、契約者が事故や病気で保険金の支払いを求めたりする際に、その手続きを代行してあげられるようになります。

しかも、身内や知り合いが入る保険として、ピッタリの保険を探してアドバイスをしてあげられるようになるので、保険詐欺被害を防ぎやすくもなるのです。

こうして僕は、お金の相談を受ける機会が増えていきました。すると周りが払っている保険料が、納得がいかないほど高額で驚くことも多かったのです。とりわけ売れている芸人の先輩たちは、保険は人の紹介で入ることが多いので、内容を吟味せずにあっさり契約してしまっているようでした。

「ニイさん、月々8万も払ってまで、この保険が宣伝文句にしている1億円も要りますか⁉」

「同じような保障内容なら、こっちの保険で十分ですよ」

生命保険募集人試験に合格してから、こんなふうにアドバイスをしてあげられるようになったのです。

お金の資格を持ってつくづく思ったことは、〝**勉強しないとみんなお金の素人**〟だということです。

お金のことって学校では教えてくれません。だけど社会人になると、収入の管理は自分でしなければいけなくなります。そのせいで、お金でつまずく人が多くいます。

「今月まだ半ばなのにお金がもうこれしかない！　ピンチ!!」とか、「知人に勧められた投資をして、損した……」とか。誰でもお金にまつわる失敗談って少なからず持っていますよね？

僕はFP3級くらいの内容は、中・高生の授業に取り入れるべきだと思います。それくらい、誰にとっても必要な知識ばかりだからです。

生命保険募集人の資格を取得してからさまざまな保険商品を調べるうちに、各社の特徴がわかるようになってきました。

でも、代理店の人に勧められるままにそのまま加入したり、保険会社1社で生命保険から収入保障まで全部入ったりしている人も珍しくありません。多くの場合、それはもったいないことをしています。

こうした**各社の強みを知っていれば、各社に分散して入っておくほうがお得**だと言えます。僕の場合は、現在5社の保険に入っています。

生命保険募集人

難易度	★★★
習得時間	★★★（3ヶ月）
人脈広がり	★★★
費用	★★（2500円）
収入アップ	★★★★★（働けば働くほど）
試験方法	試験会場にて受験

一口メモ

FP技能検定だけだと、各社の保険商品の取り扱いはできない。生命

保険募集人になることで、それが可能となるので、取得すればＦＰとしての守備範囲は広まる。

資格は取ってからが本当の勝負

未経験からＦＰに**合格したばかりの段階では、みんな横並びで誰に頼んでも同じどんぐりの背比べ。そこから頭ひとつ抜けるためには、６つの分野のどれかに特化するなど、自分自身でオリジナリティを磨いていかないといけません。**そうしたスキルアップのためにも、相談者のリアルな声を聞く実践の場は大切です。

医者だって医師国家試験を突破すればあらゆる医療に携わってもいい状態にはなるものの、眼科、精神科医、整形外科など、いずれかの診療科に特化しますよね。弁護士だって、相続、債権整理、刑事事件など、どこかの分野に強いことを打ち出しています。ＦＰもそれと同じことが求められるのです。

ＦＰの場合、公式テキストは、語学でいうところの辞書と似たようなものだと思ってください。辞書をひいて英単語の意味がわかっても、それだけで英語をペラペラしゃべれるようにはなりませんよね？

資格で得るお金の知識もこれと同じ。**相談者の要望に合った提案をしていくには、実用に即した情報の強化やパターンに応じたテクニックが必要**です。

僕はありがたい（？）ことにお金に疎い人たちが周りにたくさんいたので、アドバイスする実践の機会には困りませんでした。

知識を深めるには、人に教えることは役に立ちます。いわゆるアウトプットというもので、誰かに説明しながら知識の棚卸しができると、**インプットが弱い部分に気づけるときがあります。**

そうして「わからないことがわかる」ようになれば、自分から情報を取りにいってその分野を深掘りするきっかけになります。**目的を持って学ぶのと、ただ学ぶのとでは頭への入りやすさがまったく違います。**

たとえば、貯金するのが難しいという相談を受けたら、月々の支出をできるだけ抑えてその分を貯金用としてねん出するという提案ができます。そこで僕が詳しくなった1つが、スマホの月額料金についてでした。

保険料でもありがちなことですが、スマホの月額料金も契約した当初からプランの見直しをしていないせいで、無駄なオプションなどがついて高額になっているケースがありました。

今でも知らない人が割といるのですが、過去に日本の携帯電話料金が世界に比べて高すぎて問題になったことがあります。そこで、2018年に当時の首相が携帯電話の料金を値下げする政策に力を入れました。これ以降は、プランの見直しや他社への乗り換えによって、スマホの月額料金を大幅に安くできるようになっています。

それから3年後の2021年には、実際に全国平均で4割近くもスマホの月額料金を減額できているというデータがあります。現在の平均は4000円代です。だけどこれを知らないせいで、3年前と同じ1万円近くの料金を今でも継続して支払っている人がいます。これってすごく、損ですよね?

また、高額なスマホ代を払っている人に話を聞くと、長年プランの見直しをしていない背景には、単に面倒くさいからっていう理由だけじゃないことがわかってきました。大手の携帯会社（キャリア）では、長期契約による割引が適用されているケースがあります。これによって「ずっと契約しているほうが、スマホ料金は安くなるのが常識」と思い込んでいる人が多かったのです。

でも、これはずっと前までの話。格安スマホが登場し始めてからは、事情が変わっています。今ではスマホは、契約の更新ごとにプランの見直しをしたり、キャッシュバックやポイント還元などの新規契約キャンペーンを打ち出している会社にこまめに乗り換えたりするほうが、電話番号も変えずに断然、安く利用できることが多いのです。

お金の常識は、こうして世の中の流れを反映して頻繁に変わっていくのも特徴です。今までは大して気にも留めなかったニュースが急に自分ごととして受け止められるようになり、世の中の動きを敏感にキャッチできるようになるのも、お金に詳しくなったからこそでしょう。

資格取得後に「学んだだけではもったいない！」としないために

僕は人に相談されてわからないことにぶつかったら、その分野を学べる最適な資格がないか探すようにしていました。せっかく勉強するなら調べる過程をそのまま受験勉強にすれば、合格したときにセットで資格も手に入れられて一石二鳥だからです。

現在は残念ながら受験できなくなっているようですが、当時あったオンラインで勉強と受験ができる「相続総合コンサルタント補」も、そうして取った資格でした。資格を取ると習得した知識が周囲からも見える形となって、自分を周りに売り込むアピールがしやすくなります。

ただし先で申し上げたように、合格しただけの段階では自分と同じレベルのライバルや、それ以上に知識を持つ先輩たちが他にもわんさかいる状態です。とりわけお金に関することは、調べ上げたらきりがないほど広範囲におよびます。

いつも驚くのは、自分の周りにはその資格に興味を持つ人が誰一人いなくても、受験会場に行けばそういう人で溢れていることです（当然といえば当然なのですが！）。

ＦＰの資格でいえば、２級までなら合格率は高く半数に近い人が合格します。その中でお金の資格を武器にして仕事につなげるには、合格したあとにどれだけ実践で活かせる力をつけていくかがポイントになります。

そのためには、「今求められているお金の情報」をタイムリーに知っておくことをお勧めします。たとえば投資熱が高まっている昨今なら、よく知らない人が未だに意外に多い新ＮＩＳＡ（少額投資非課税制度）とか、ｉＤｅＣｏ（個人型確定拠出年金）とか。各地のふるさと納税やこれからはじまる新しい税制についても、常にアンテナを張って調べておくに越したことはありません。こうした知識こそ現場で求められていて需要があります。

僕も資格を取ったばかりの当初は、自分でも理解が浅いテーマについて突っ込まれたとき、答えられなくて悔しい思いをしました。だけど、この**悔しさがバネになって、さらに勉強するモチベーションにもなった**のです。

残念ながらという言い方は適切じゃないかもしれませんが、お金の資格は専門分野に分かれているので、それぞれの資格にはアドバイスできる範囲が限られています。

FPは、ライフプランの設計士としてお金全般にまつわるアドバイスができますが、税金についてはアドバイスできないなどの括《くく》りが定められています。

だけど、相談者からすれば「資格持ってるんなら詳しいでしょ?」って頭でくるから、その辺りも説明することが求められます。

税金に関する相談を受けたら、資格でつながった知り合いの税理士さんを紹介しています。**自分ではアドバイスできないことを相談されたときに、それぞれの専門分野の方を紹介できる横の人脈を持っておくことも、FPに限らず資格保有者のスキルのひとつです。**

芸人にすぎなかった僕でも「先生」と呼ばれる

そうこうしているうちに、僕は内輪の評判を超えて吉本の中でも、ちょっとしたお金の達人として知られるようになっていきました。

やがて思わぬ仕事が舞い込んできます。一般に向けて資産運用のセミナーをしてほしいという依頼でした。お金の資格が芸の足しになればいいとは思っていたけど、いきなりセミナーの講師の仕事が入ってきたのは意外です。
「講師なんて大それた役目、僕に務まるんだろうか?」と最初はちょっと戸惑いました。だけど、劇場の舞台をこなして人前に出るのには慣れています。セミナーの壇上を舞台だと思えば、なんとなくやれそうな気がしてきました。

どんなセミナーにしようかと考えたときに、漠然と思い浮かんだのが、**芸人の僕だからこそできる〝眠たくならないお金のセミナー〟**です。

FPとして僕が周りと差をつけるオリジナリティを発揮するなら、いうまでもなく「芸人」だということ。そこでさっそく『女と男・市川のお笑い資金運用術』というテーマで、話す台本の制作に取りかかります。

セミナー用の資料を作るのだって初めての経験です。見よう見まねでしたが、知り合いの放送作家さんにアドバイスをもらいながら、なんとか自力で作り上げました。

台本の制作にも、実際の体験が役に立ちました。そのうちの1つが、お金の話って専門用語が並んだりすると、入り口でとにかく面倒くさいって思われることが多いから、それを変えてみたという体験です。

たとえば、月々の支出のコストカットについて話すときに「スマホの料金を月に1万円も払ってるなんて高すぎですよ！」と言えば、だいたい「わざわざ時間を割いて契約を変更しなきゃいけないんでしょ？」と面倒くさそうに返されていました。そこで専門用語を駆使して説得を試みても、話は進みません。

でも、こんなふうに伝えると、相手の態度が一変します。

「月額でみるとスマホの1万円くらい、大したことないって思いますよね？　でも1年で通算すると12万円。スマホはこの先もずーっと使うものって考えれば、30年だと360万も払うことになるんですよ」

漠然とお金の管理をしている人は、未来の予測が苦手です。したがって、こうやって**具体的な数字を出し、長期的にすることで高額で示せば、嫌でも無駄に気づきます。金額が大きくなると、ダイレクトに損をしている実感が湧いてくるみたい**です。こうして相手の興味を引きつけながら話すと、小難しい話も聞いてもらいやすくなります。

これって**お笑いの舞台でいうところの〝つかみ〟と似ています。**芸人って舞台に立ったとき、ダイレクトに観客の反応が返ってくる仕事です。相手の反応を見ながらの話し方は、一般の人よりは僕はちょっと得意です。

また、**セミナーって、講師が一方的に話を展開していきがちです。だけど、それだと聞いているほうは話に入り込めなくて、眠たくなっちゃう人もいますよね？**

そこで、**壇上から降りて、聞いている皆さんの席をぐるぐる回りながら話すことを思いつきました。**壇上に立てば1人対何十人という形になるけど、教壇から降りれば一人ひとりと話せるようになります。突然、自分が話しかけられるかもっていう状況にすれば、眠っている暇なんてないでしょう。

他にも、**話の合間で挙手をしてもらったり、拍手を求めたりしながら対話形式で話すやり方**も考えました。こうしたコミュニケーション型のセミナーにすれば、聞いているほうは退屈しなくて済むはずです。

そうして自分の強みを活かしながら話を展開していったセミナーは、ありがたいことに好評を得ました。おかげさまでそれ以降も、講師の仕事が定期的に舞い込んでくるようになります。

次々とくるオファーをこなしているうちに、僕はいつの間にか周りから「先生」と呼ばれるようになっていました。

僕が先生……？　ちょっとこそばゆい。

だけどそうやって尊敬してもらえるのは純粋に嬉しい。お金の資格で僕は、予想だにしなかった「先生」という新しい称号を手に入れたのです。

思わぬメリットは、それだけじゃありません。

２０２０年以降にコロナ禍となって、さまざまな業界が今まで通りに運営できなくなってしまったことは記憶に新しいと思います。仕事が激減して経済的な打撃を受けたのは、芸人も例外ではありません。

ロケをともなうテレビの仕事や劇場の舞台の仕事がキャンセルになって、先数ヶ月のスケジュールが真っ白になってしまった人もいました。

そうして外出できない日々が始まりましたが、僕の場合、オンラインセミナーの仕事が入るようになります。養う家族もいて、芸人の仕事だけやっていたら乗り切れなかったかもしれない状況で、こうした仕事の依頼がきたことは精神的にも支えになりました。このときに改めて、資格を持つ強みを実感したのです。

第3章

資格でこんなに儲かった＆得をした

W杯で月収が3倍に!!「ラグビーC級レフリー」

お金の資格を持っていれば、投資に強くなれます。これを派生させて考えれば、お金に限らず**資格自体だって、投資と考えることもできます。**

「これから先、この資格を取っておくと強いんじゃないか?」。そうやって未来を予想して、**今後需要が高まりそうな分野の資格をあらかじめ取っておけば、大きな恩恵を受けやすくなる**でしょう。

さらには、**その資格を持っている人の母数が小さいほうがいい**でしょう。今はまだ、周りにあまり知られていないような資格です。

そういう資格を発掘してこっそり持っておけば、「その時代がきた」ときに、自分の価値がグッと高まってくることもあり得ます。

この、資格を投資として大成功したパターンが、**ラグビーの「C級レフリー」**の資格でした。僕が持っている中でも、この資格はとっても貴重な資格で、過去イチの高額月収を記録した資格でもあります。〝資格自体への投資〟が当たれば、爆発力がかなり高いことを実感したのです。

時は2017年頃。僕が所属する吉本興業は、ラグビーチーム「神戸製鋼コベルコスティーラーズ（現コベルコ神戸スティーラーズ）」を長年にわたって応援していました。年に一度『なんばグランド花月』で現役選手とコラボした「よしもとラグビー新喜劇」を開催していたり、神戸で開催されるスティーラーズのファンクラブ限定イベントのMCを、吉本芸人がやらせてもらっていたりしました。

ある日、僕ら「女と男」も、ファンイベントのMCを担当させてもらえることになったのです。

吉本にはケンドーコバヤシさんや中川家さん、ジャルジャルといった「ラグビー芸人」と呼ばれる人たちがいます。ラグビーのイベントなので、この人たちが適役なのにと思われる方もいるでしょうが、その頃はみなさん東京で活躍していたので、関西にはいませんでした。

しかも当時は、ラグビーは野球やサッカーに比べるとそこまでメジャーなスポーツではありません。関西にはラグビーに詳しく、ラグビーの難しいルールを知っている芸人がいなかったのです。

そんな中で、僕たち以前にも、何人かの芸人がファンイベントの盛り上げ役として送り込まれましたが、ラグビーのルールを知らないのでうまく盛り上げられない、という状況が続いていました。来場するファンは当然、ラグビーに詳しい人も多いので、ラグビーを知らない芸人がMCをしてもあまり盛り上がらないのは想像できます。

そこで、元ハンドボールの実業団選手だった相方のワダちゃんに目を留めてもらい、スポーツつながりということで僕たちがコンビで抜擢されることになりました。

当日、選手と一緒にラグビーをするコーナーで、相方がハッスルプレーを決めて、「わー！」と歓声が上がりました。そのおかげか、選手の皆さんとも意気投合し、なんとかうまく乗り切れたようです。

この一件のあと、落語家の月亭八光《つきていはちみつ》さんとお話をする機会があったのですが、そこでこんなふうに声をかけていただけました。

「市川、**ラグビーのレフリー（審判）の資格を取ったらええんちゃう？　2年後にW杯があるから、仕事が増える**と思うで」

なるほど、と思いました。

それまでは資格は自分の興味や好奇心から取っていたので、先を見据えて知らない分野の資格を取る、という発想はありませんでした。このときに、資格自体に投資するというのもアリかもしれないと思いました。

「ホンマですね。よし、じゃあスティーラーズを盛り上げるためにも、僕、ラグビーのレフリーになります!」。こう宣言したものの、僕自身ラグビーの経験はまったくありません。

「とは言ってみたものの、ラグビーのレフリーってどうすればなれるの……?」

こんなゼロからのスタートで、レフリーになろうとする人もいないでしょう。我ながら無謀《むぼう》だなと思いながらも調べてみると、ラグビーのレフリーになるにはまず、日本ラグビー協会の「スタートレフリー」という資格から取得しなければいけないことがわかってきました。

しかもスポーツの資格はお金の資格とかと違って、座学ですべて終わるわけではありません。**ルールは座学で覚えても、当然、実技も必要になります。**

行き詰まった僕は、SNSを使ってこう呼びかけてみました。

「ラグビーのレフリーの資格の取り方教えてくださいー　むしろ誰か取らせてくれる人いませんか？」

するといっ、神の声のようなリプがきました。

「よかったら、うちでラグビー教えますよ」

声をかけてくださったのは、大阪の金光藤蔭高校でラグビー部の顧問をしていらっしゃる先生でした。**SNSはこんなときにとても頼りになります。**

さっそく金光藤蔭高校に出向いて、特訓をしてもらうことになりました。師匠は先生、先輩はラグビー部の高校生たちです。

高校生たちに「なんか、テレビで見たことあるヘンな奴がおるぞ」と不思議な顔をされながらも高校に通いつめ、体当たりでラグビーを実践し、レフリーのやり方を勉強させてもらいました。

最初のうちは球がどこから出てくるのか読めないので、コートの中を右往左往して、血気盛んなラガーマンの先輩たちに「邪魔やっ！」と怒られる、怒られる……。

しかも、レフリーは常にボールがあるところを目視していないといけないので、コートの中でかなりの距離を走ります。息をゼエゼエ上げながらついて行くのに必死！

でも、慣れてくるとこれが、すごく……面白い!!


ラグビーのレフリーの資格は、「スタートレフリー」「ミニラグビーレフリー（MRR）」「C級レフリー」「B級レフリー」「A級レフリー」とあって、最高ランクのA級はW杯でレフリーができるくらい高度なレフリー資格になります。

僕は高校ラグビーのレフリーができるC級を目指すことにしました。C級でも取得できれば、大阪府ラグビー協会に登録され、正真正銘のレフリーになれるのです。

3ヶ月間、実技を十分にこなして、受験当日。会場に行くと、50人くらいの人がいて、周りはほとんど、もともとラグビーをやっていた学校の先生でした。

「念のために聞くけど、過去にラグビー経験がない人いる？」と聞かれて、手を挙げたのは50人中僕1人だけ。

心細さを感じながらも、特訓に付き合ってくれたみんなの期待を裏切るわけにはいきません。実技では草ラグビーで8分間、実際にレフリーをしました。

結果は無事、合格！　自分で言うのもなんですが、未経験からこんなに短期間で合格できるなんて、かなりの快挙だと思います。

嬉しかったのは、スティーラーズの選手からラグビーに対する熱意を認めてもらえたことでした。スティーラーズの応援リーダーに任命もされました。

レフリーになれて**ラグビーが大好きになって、試合を観るのも以前にも増して面白くなりました。**


2年後の2019年、日本ではW杯が開催。日本人選手の大活躍で、日本中がラグビー一色に染まります。

ラグビーの難しいルールを解説できるようになっていた僕には、**「ラグビーのルールをみんなに楽しく教えてほしい」という仕事がどんどん入ってきます。**芸人と子どもたちがラグビーをするエキシビジョン（公式記録としない模範試合など）では、レフリーも務めさせてもらいました。

次々と仕事をこなしているうちに、なんと、**僕の月収は今までの3倍に膨れ上がっていました。**これぞまさに、資格の先行投資が大成功した瞬間。

月収が上がったのも嬉しかったけど、やっぱり何より嬉しかったのは、**たくさんの方に**

僕を知ってもらえたことや、ラグビーを通して選手や金光藤蔭高校の人たちとの絆《きずな》ができたことです。

また、大阪府ラグビー協会とのつながりができて、**その後も高校ラグビーのレフリーの仕事を依頼してもらえるようになりました。**

こうした資格自体への先行投資も、芸人の僕に限らず、それぞれのフィールドで活かせる考え方だと思います。未来を予想して、これからどんな資格を持っていると強いか、自分なりの視点で探してみるのはいかがでしょうか？

ラグビーC級レフリー

難易度	★★★
習得時間	★★★（3ヶ月）
人脈広がり	★★★★
費用	★★（試験代3000円）
収入アップ	★★★★★
試験方法	試験会場にて受験

一口メモ

ラグビーは、スクラムを組むメンバーは実は決まっていて、フォワードと呼ばれる8人。そこからボールを出して、バックスという7人のメンバーで主にトライをしにいく。15人全員でやるというチームの一体感は、ラグビーならではの醍醐《だいご》味《み》。

需要がものすごくある家電の資格

周りから「先生」と呼ばれるようになったお金の資格。ラグビーが大好きになって過去最高の収入を得られたラグビーのレフリーの資格。どれも僕に貴重な体験や人脈をもたらしてくれました。

ですがそれにも増して、**現在最も自分が周りに頼りにしてもらえている肩書きといえば、ズバリ「家電製品総合アドバイザー」**です。

僕がこの資格に興味を持ったきっかけは、自宅と職場の吉本の劇場の間に家電量販店ができたことでした。劇場に向かう途中、僕はこの家電量販店の中を必ず通っていました。通いつめて、かれこれもう16年です。

もともと家電が好きでした。仕事に行く前に新製品をチェックするのが日課のようになっていました。そこでいい家電を見つけたら、楽屋でみんなに教えていたんです。するとある日、先輩に「おまえ、なんか電化製品売ってる店員っぽいな」と言われました。周りも頷《うなず》いています。

えっ、僕ってそんなふうに見えるんかな？　だったら、家電量販店の店員の真似してネタをやってみようかな？

家電量販店の店員のふりをして、得意げにしゃべってみる。「これがお勧めですよ。あれもお勧めですよ～」。するとこれが、周りにウケた。

それからは、以前にも増して家電量販店に通い詰め、家電にさらに詳しくなっていきました。ただの趣味が、周りに笑ったり喜んだりしてもらえるようになった。これって革命的。まさに「好きを仕事に」じゃないか？

キャラクターを演じるだけでなく、どうせなら本物になってやろう。そこで見つけたのが、家電製品アドバイザーの資格でした。

まず受験したのは、AV情報家電の資格です。AV情報家電の「AV」とは「Audio」「Visual」を指し、映像や音声を出力する機器のことです。テレビやオーディオに加え、パソコン、デジタルカメラなどがこれに該当します。

家電製品アドバイザーには「AV情報家電」「生活家電」の2種類の資格区分があります。両方を取得すると「家電製品総合アドバイザー」になれるのです。

勉強方法は独学。でっかい参考書をめくりながら、黙々と読み込みました。なかなか難しくて、1回目の受験は不合格。2回目もまさかの不合格。それでも諦められなくて再々チャレンジしました。3回目にして、ようやく合格！　3回も受験したのは、数ある中でもこの資格ぐらいです。

よく勘違いされるのですが、AV情報家電の受験の内容は、家電を幅広く知っているとか、新製品に詳しいとか、そういうものではありません。テレビはどうやって映るのか、オーディオの仕組みはどうなっているか、**その構造を学ぶというような内容**です。

PL法（製造物責任法）という消費者を守る法律の話なども出てきます。この法律は簡単に言うと、家電で事故が起きた際にメーカーが責任を取らなければいけないという法律です。

これを知るまで僕は、家電は当たり前に安全に使えるものだと思っていました。僕に限らず、無意識にそんなイメージを持っている人は多いと思います。

だけど一歩踏み込んで知れば、その当たり前はこうした法律のもと、メーカーさんの努力によって成り立っていることがわかってきました。

消費者の立場では普段はあまり考えないこうした作り手の世界を知れるのも、この資格のいいところだと思います。電化製品のメーカーさんに対するリスペクトの気持ちが湧いてきて、家電そのものを見る目が変わってくるはずです。

合格率は30％くらいと言われていて、難易度は高め。民間の資格とはいえ、参考書はNHK出版からも発売されているかっちりしたものです。「最新の家電情報を知りたい」とかいう動機で受けると「ちょっと違う」となりますので、その点だけ間違えないようにしてください。

この資格を取ってから気づいたことは、**お金の話と同じように、家電ってみんながもれなく興味を持つ話題**だということです。人とのコミュニケーションにおいて、家電の話はまずハズさないネタです（家電の資格がどうコミュニケーションに活きたかについては、あとで詳しくお伝えします）。

僕は『市川の最新家電チャンネル』というYouTubeチャンネルを持っているのですが、特に冷蔵庫やテレビ、洗濯機といった大物家電や、炊飯器の話題はみなさん関心が高いようです。

ただ、そこで家電の紹介をしていると、コメント欄にこう書き込まれたことがありました。

「AV情報家電の資格しか持ってない人間が、洗濯機を勧めるな」

ぐぬぬ……。そんなこと言ったら、家電量販店の販売員だって家電製品総合アドバイザーを全員持っているわけじゃない。持っているのは2、3割で、むしろ持っていない人のほうが多いのに、言いがかりだ！

そう思いながらも、まあ、それも一理あるかも、という気がしてくる。そこで、悔しいので生活家電の資格も取ることにしました。

生活家電の資格はその名の通り、エアコンや冷蔵庫、洗濯機といった日常に欠かせない家電の知識を学びます。内容は生活家電の仕組みです。

たとえば、エアコンには冷媒ガスが入っているとか、最近ではＡＩが搭載されていてクラウドを通して家電同士がつながるＩｏＴ家電の仕組みについても学びます。

ＡＶ情報家電の資格は2回落ちたけど、生活家電の資格は事前に知識も入っていたので、一発合格できました。個人的には、生活家電が好きということもあって、ＡＶ情報家電より生活家電の勉強のほうが楽しかったです。

受験方法は、以前はマークシート形式でした。だけど、コロナ禍以降はＣＢＴ(Computer Based Testing)方式が採用されています。受験会場に行くと一人ずつパソコンが用意されていて、コンピュータ上で回答するというスタイルです。回答する際に、紙や鉛筆は使いません。

ＡＶ情報家電の受験時には筆記だったので、受験中、会場には「カリカリカリ……」という鉛筆の音が響いていましたが、ＣＢＴ方式になった生活家電の受験では、「カチッカチッ……」というマウスのクリック音が響いていました。

こうして2つの資格保持者になって、晴れて家電製品総合アドバイザーとなった僕。後日、認定証をゲットしました。家電量販店の店員さんの中には、首から名札のようにかけている方がいらっしゃいますが、まさにアレです。

芸から生まれたキャラクター「家電量販店の店員 市川」だけど、この認定証を手に入れたら本当に家電量販店に就職できそうな気がする……。

この資格を持っていると、その業界で働くときには収入アップが見込めるそうです。家電をお勧めするにあたって、芸でもリアルでも、もう誰にも文句は言わせません！

ただし、電化製品の技術の発展は日進月歩。**認定証の有効期間は5年間で、資格を取った後に追加された新しい技術や製品の変化を補完するために更新制度が設けられています。**

家電製品総合アドバイザーでい続けるには、ニュースで話題になる各メーカーさんの新技術にも注目して、情報のアップデートが必要になります。

なお、**家電製品総合アドバイザーには「ゴールド」と「プラチナ」のランクがあります。**基準は正解率です。AV情報家電と生活家電、どちらの資格も80％以上正解できたらゴールドの認定証がもらえ、90％以上正解したらプラチナの認定証がもらえるという仕組みです。

グレードアップした認定証がほしい人は、高得点を目指して、しっかり学習したうえで受験に挑んでください。

家電製品総合アドバイザー	
難易度	★★★★★
習得時間	★★★★（6ヶ月）
人脈広がり	★★★★★
費用	★★★★（試験代1万5600円（AV情報家電・生活家電合わせて）、テキスト代5000円）
収入アップ	★★★★★
試験方法	試験会場にて受験

一口メモ

家電の法律にまつわる「CSと関連法規」は、「AV情報家電」「生活家電」の共通科目。どちらか1つに合格していればもう一方を受験する際には免除される。つまり、AV情報家電を取る場合は「CSと関

連法規」＋「AV情報家電」、生活家電を取る場合は「CSと関連法規」＋「生活家電」、家電製品総合アドバイザーを取る場合は「CSと関連法規」＋「AV情報家電」＋「生活家電」の3科目を受験することになる。

命懸け……、サウナでお笑いライブ

続いてお話しするのは、**「サウナ・スパ 健康アドバイザー」**の資格についてです。

今でこそ空前のサウナブームを迎えていますが、僕がこの資格を取ったのは、今から6、7年前でした。これも当時は知る人ぞ知るという資格。でも最近は取得する人も増えていることでしょう。

この資格について話すときに思い浮かぶのは、サバンナの高橋さんです。高橋さんはサウナ好きが高じて、自宅や別荘にまでサウナを作ってしまうほどのサウナー（サウナ愛好家の呼び方の1つ）です。

僕も銭湯とサウナが昔から大好きなので、そんな高橋さんが大阪に来たときは「サウナ行こう！」「銭湯入ろうよ」とよく誘ってもらいます。一緒に過ごしながら、サウナのいろはを教えてもらいました。

「サウナ3ステ、水風呂3ステ」はその1つで、もはや僕たちの合言葉。サウナ10分&水風呂5分を1セットとして、それを3回繰り返すという入浴方法です。

今ではこうした温冷交代浴は、サウナーの定番になっている入浴方法なので、こう聞いても、特に新鮮な印象は受けないと思います。でも、これを高橋さんに教えてもらったのは、今から15年ほども前でした。

高橋さんは当時、サウナにまつわる理論的な情報があまり出回っていない中で、「この入り方が最もいい！」と独自に研究していました。サウナにまつわる健康情報が浸透した今考えても、この方法は理にかなっています。

他にも、「手首・足首締め」があります。これは温泉からあがるときに、手首と足首に冷水をかけてから出るという方法です。高橋さんが言うには、こうすれば、しばらく体が冷えずにポカポカして湯冷め防止になるということでした。

また、肌が敏感な高橋さんは体を洗うときに、桶に少しのお湯とボディソープをツープッシュ入れて泡立てて、その泡で体を包み込むように洗っていました。この体の洗い方も、肌の皮脂膜を取りすぎないためには良い方法で、頻繁に浴槽に入るサウナーにとっては理にかなっています。冬場は特に、肌の乾燥を防いでくれます。

湯船に浸かるときには右手を上げて自由の女神のポーズで「ニューヨーク、ニューヨーク」と言って回転しながら沈んでいくのも、高橋さん直伝の「楽しい温泉の入り方」。僕たち内輪のルールでした。

サウナ・スパ 健康アドバイザーを受験した**きっかけは、「サウナde吉本」というイベントで出演が決まったこと**でした。

京都にある吉本の劇場『よしもと祇園花月』の近くに『ルーマプラザ』というサウナ施設があります。

この施設は高温の「ロウリュサウナ」やセルフロウリュができる「フィンランドサウナ」をはじめ「塩サウナ」「岩盤浴」などバラエティに富んだサウナ設備を揃えた、サウナ好きにはたまらない施設なのです（※ロウリュ：サウナ部屋にある熱々になった石「サウナストーン」に水をかけ、蒸気を発生させること)。

ある日、この施設のプロデューサーとひょんなことから知り合いになりした。僕のサウナ好きを知っているその人から「市川くん、うちのサウナでイベントできへんかな?」と声をかけてもらったのです。

同じ事務所には銭湯・サウナ好き芸人のらいおんうどん ガオ~ちゃんという後輩がいるのですが、ガオ~ちゃんと一緒に何かやってほしいという依頼でした。

「面白いですね! 僕もサウナ好きだし、何かやりたいです」と返事をしたはいいものの、サウナでいったい何をやればいいの? やっぱりネタだよなぁとか、頭の中でぐるぐる回る……。サウナーとして既に認知されていた高橋さんなら、サウナについてあれこれ話すこともできそう。でも、僕たちならどうすればいいんだろう?

しばし考えて出した結論は「よし、サウナの資格取ります!」でした。

「サウナお笑いライブ」ってそれ自体、珍しくて面白いけど、**せっかくなら「サウナ・スパ健康アドバイザーの女と男の市川」としてやったほうが、お客さんが興味を持ってくれそうな気がする。**ただ「サウナが好きな市川」っていうより、そっちのほうがいいよなぁ。そんな発想からでした。

サウナ・スパ 健康アドバイザーの資格は、サウナやスパの正しい知識を身につけるための資格です。「サウナやお風呂が、なぜ体にいいのか？」や、「どんなふうにサウナやお風呂に入ると健康になれるのか？」など、銭湯やサウナで健康になる秘訣を学べます。

公式テキストは協会のホームページからダウンロードできて、**受験はオンラインで行《おこな》います。合格したらカード状の資格証だけでなく、水滴をモチーフにした花のような形のピンバッジがもらえるのがちょっと嬉しい。難易度は高くないので、これも一発合格**できました。


そして、サウナ・スパ 健康アドバイザーとして迎えた、当日のサウナでのお笑いライブでは——裸で腰にタオルを巻いて「どうもー！」って言いながらサウナの中に入ると、おじさんたちで埋め尽くされて満室の客席（？）から「わー！」と歓声があがりました。むっとした高温に、さらに熱気がこもる。こんな舞台、初めてだ……。

長くいても10分から15分が限界のサウナで、ネタもそれくらいの尺のものを用意したのですが、最初の「わー！」がピークだったことにすぐに気づきます。

とにかく熱い……。まだ数分しか経ってないのに、やってるほうも観てるほうも、言うまでもなく汗だく。

サウナ・スパ 健康アドバイザーとして行っているからには、頃合いを見て僕のほうから、「みなさん、無理せんといてくださいねー」って気遣うつもりでした。

でも、ネタを最後まで観たいと思っている客席からは「はよ終われ!」「はよ出さしてくれ!」と、だんだんと野次が飛んでくる始末。それがまた、笑いになる。

サウナが好きな人って日頃から汗をかいてデトックスしているからか、やたらとテンションが高い。極限を共有しながらも和気あいあいとして、妙な連帯感が生まれ始めました。我慢しすぎて鼻血を出した人がいたときは、さすがに驚きましたが。

ネタが終わったあとは、らいおんうどんのガオ~ちゃんと一緒に客席に向かってロウリュウで締める。なんやかんやでステージは盛り上がって大成功でした!

ただ、1回では終わりません。そのあと、2回目、3回目とステージをこなして、まさに命がけのお笑い耐久レース……。だけど、ふらふらになって全ステージを終えた後に、皆さんと一緒にキンキンに冷えたビールを飲むのがサイコーにうまかった! 今でもいい

サウナ施設『ルーマプラザ』と、吉本興業によるコラボ企画として実現。このような案内をしていました。

思い出です。

ここで豆知識を1つ。サウナーがよく使う「整った」っていう言葉。サウナのあとの幸福感で満たされるような「いい気分」を指していいますが、これって何だと思いますか？

実はこれには、自律神経の働きや脳内物質が関係しています。高温のサウナに入ったあとに水風呂に入ることを繰り返すと、過酷な状態にさらされていることから体を緊張させる交感神経が優位になって、脳内麻薬と呼ばれるアドレナリンなどが分泌されます。

そのあとに外気にあたると、今度は副交感神経が優位になって体が一気にリラックスに向かいます。

この一連の流れからサウナ後の「いい気分」に導かれます。**「整う」っていうのは気のせいじゃなくて、こうやって理論的に説明できる現象**なんです。

サウナ・スパ健康アドバイザー

難易度 ★★
習得時間 ★★（1週間）
人脈広がり ★★★★

費用　★★（5000円）
収入アップ　★★★
試験方法　オンライン

一口メモ
サバンナ高橋さん独自のサウナマニュアルは、サウナ・スパ 健康アドバイザーの資格で学んだサウナ理論を踏まえても、理にかなっているものだった。高橋さん、すごい！

旅行に行きまくり！添乗員の資格

修学旅行やツアーで、旅行に同行する添乗員っていますよね？ 僕はあの添乗員の肩書きも持っています。

添乗員の資格には国内でのみ使える「国内旅程管理主任者」の資格と、国内と海外のど

ちらも使える「総合旅程管理主任者」の2種類があります。僕が持っているのは、国内旅程管理主任者のほう。

この資格を取得した経緯ですが、ここでもラグビーレフリーの話で登場した月亭八光さんの言葉がスタートでした。

僕は月亭八光さんによくお世話になっているのですが、月亭八光さんはファンと行くバスツアーを度々企画していらっしゃいました。こうしたパッケージツアーには、添乗員の同行が法律で義務付けられています。

僕は他の芸人仲間と一緒にそのツアーに同行して、盛り上げ役をさせてもらうことになりました。そこで月亭八光さんにこう言われました。

「市川、おまえ、添乗員の資格取ったら、わざわざよそから添乗員を雇う必要がなくなるからギャラが増えるんじゃないか？」

月亭八光さんは僕をのせるのが上手です。こう言われると、その資格を取らないわけにはいきません。さっそく、どうやれば添乗員になれるのかを調べ始めました。

わかったことは、**添乗員になるには研修や実務経験が必要で、公式テキストの暗記だけ**

で取得できない分、ちょっと難易度は高そうだということでした。

ですが、月亭八光さんにアドバイスしてもらった手前、やすやすと諦めるわけにもいきません。そこで、添乗員が所属している旅行会社の知り合いにアドバイスを求めてみました。

すると、添乗員の派遣会社があって、そこに登録すれば、実際のツアーに同行して研修ができることを教えてもらえました。

実は、旅行会社で添乗員を抱えていることは少なくて、ツアーに同行する添乗員の多くは、そうした添乗員専用の派遣会社から派遣されているらしいのです。

そうとわかれば、即実行です。**教えてもらった添乗員派遣会社に登録し、まずはオンラインで基礎的な研修を受講しました。そこをパスすれば、実務研修に入ります。実務は3ヶ月以上必要でした。**

芸人をやりながら、同時に添乗員の研修生として、アルバイトのような仕事を続けました。どんな内容かというと、よく駅に集合して日帰りで行くスキーツアーとか、蟹《かに》食べ放題のバスツアーとかがあると思いますが、ああいうツアーで集まった人の点呼を取ったり、

「○○さんは3号車です」というような受付の案内をしたりするといったものでした。

たまに受付だけでなく、そのままバスに乗車して同行することもありました。

そんな芸人と添乗員研修生のかけもち生活をしていたある日、ちょっと恥ずかしい出来事が起きます。

レギュラーで出演している関西のローカル番組『おはよう朝日土曜日です』という情報番組で、「土日どーする?」というコーナーがあります。週末のイベント情報を伝えるコーナーです。僕はそのコーナーで蟹を食べるバスツアーを紹介することになって、実際にツアーを体験するロケをして撮影をしました。

蟹を食べて「美味しー!」って言ったり、ツアー金額を見て「これだけ充実してて1万9800円!」って驚いたりする内容だったんですが、なんと、そのツアーは僕が受付のアルバイトをすることがあるツアーだったんです。番組を観て予約をした人もいらっしゃったので、集合場所に僕がいることにびっくりしていました。

「あれっ、市川さんも一緒に行くの?」

「宣伝してたけど、ここまでやるもんなんやね。芸人さんも大変やね~」

そう声をかけられて、

「いや、違うんです。僕は行きません。普通はそんなんやりませんよ、これはたまたまで……」ってしどろもどろで答える羽目に（笑）。別に悪いことをしているんじゃないけど、これはちょっと赤っ恥でした。

他にも、ツアーのバスに誘導する際に、「今日はご搭乗ありがとうございます。このバスツアーは飛騨高山《ひだたかやま》まで行きまして～」というような案内を毎回するのですが、そこで、なんか見たことある奴だぞ、とばかりに怪訝《けげん》な顔をされることもしばしばありました。

普段、テレビに出ている人がこうやってあからさまにアルバイトをしていたら、そりゃあ変だなって思いますよねぇ。

まあ、そんなプチハプニングも起きながら、3ヶ月の研修は無事に終了しました。

登録している会社から添乗員カードをもらえて、実務経験2日を経て最後に筆記の試験を受けます。内容は「日本の三大祭りは？」とか「別府温泉は何県ですか？」とかいうようなもので、研修をこなしていれば答えられるものでした。

この試験に受かれば修了証書をもらえます。それを終えたら、晴れて国内旅程管理主任者の資格を修得できるのです。

添乗員の派遣会社に登録していれば、その都度、単発のバイトのような感じで仕事のオファーがあります。挙手制で自分が行けるときだけ仕事を引き受けられるので、副業としてもできます。実際に登録している添乗員には、本業が別にある人や主婦もいました。

添乗員資格のお勧めポイントは、やはり**いろんな場所に行ける**ことでしょう。大手の旅行会社のツアーに同行する案件もたくさん入ってきます。旅行が好きな人や、いろんな地域の情報を仕入れたい人にはうってつけの仕事です。

あくまで仕事なので、旅行気分で同行することはもちろんできません。それでも各地の催し物や特産品などを知れて、物理的にも世界がぐんと広がると思います。

国内旅程管理主任者

難易度 ★★★

習得時間 ★★★（3ヶ月）

人脈広がり ★★★★

費用　★★★（講習＋試験代1万5000円＋テキスト代3000円）
収入アップ　★★★★★
試験場所　試験会場にて受験

一口メモ

ツアーの時間割を管理するのも、重要な業務のひとつ。人気のツアーには温泉地を巡るものも多く、九州の有名な温泉地として知られる大分県には「湯布院」や「別府」など、いくつかの温泉街がある。同じ県内だからサクッと回れるのかと思いきや、意外にも距離が離れているので、移動時間も含めてしっかり時間の管理をしないといけない。

仕事がチーズのようにどんどん伸びた「チーズ検定」

チーズが好きな人は多いと思います。ちょっと調べてみると、実際に、かつて酪農の全国的な機関が実施した「ナチュラルチーズ嗜好実態調査」では、**チーズが「嫌い」と答えた人はたった1・5％しかいなかった**ようです。**好きな人が多いのなら、チーズの資格を持っておいて何かしら得することがありそう**だと想像できませんか？　というわけで、僕はチーズの資格にも興味を持ち始めます。

チーズの資格にもいろいろあります。カルチャースクールなどで活躍できるようになる「チーズソムリエ」や、チーズにまつわる法律からお酒との飲み合わせまで詳しい知識が身につく「チーズコーディネーター」、食材との組み合わせや〝チーズアート〟と呼ばれるチーズの盛り付け方を学べる「ナチュラルチーズ検定」と、取る人の目的に合わせてさまざまです。

僕は**「C.P.A.チーズ検定」**を選びました。「C.P.A」とは〝Comrade of Cheese（コムラード・オブ・チーズ）〟の意味で「チーズの仲間」を意味します。

チーズの資格としては初心者向けで、チーズの歴史や作り方の手法、チーズの種類などの基本的な知識を学べます。ただ初心者向けと言っても、学ぶ内容は割と本格的なもので、びっしり書かれたテキストを読み込む必要があります。難易度はそこそこで、僕もテキストに線を引きながら勉強しました。

こう言うとちょっとハードルが上がるかもしれませんが、チーズが好きな人なら、学ぶことでの実用性はかなり高いと言えます。

チーズが好きでも、専門店なんかに行くといろんな種類のチーズがあって、どれを買おうか自分で選べないことってありますよね？　この資格で学べば、まず迷いがなくなります。**「自分が好きなチーズはコレ！」ってピンポイントで選べるようになるし、人にも種類や違いを教えられるようになります。**

これってファイナンシャル・プランナーの資格と似ています。

「お金って好きだけど、何だかよくわかんない」「チーズも好きだけど、いろいろとあって複雑」。そんなふうに思っている人が多いけど、少しの勉強で一歩乗り越えれば、そこから世界が広がっていくんです。

ちょっと話が脱線しますが、ヨーロッパではチーズを担保にお金の貸し借りをしていた歴史があって、チーズはお金と同等の価値があるものとして扱われていました。こうした知識も、この検定では学べます。

チーズの種類の話で簡単なところで言うと、たとえばスーパーで売っている6Pチーズなどは「プロセスチーズ」といって、白カビ系や青カビ系の「ナチュラルチーズ」と大別されます。

プロセスチーズとナチュラルチーズの大きな違いは、プロセスチーズがナチュラルチーズを加熱して加工しているのに対して、ナチュラルチーズは自然発酵そのままの状態で販売されていることです。プロセスチーズは加熱によって品質を安定させているので、長期保存ができます。一方、ナチュラルチーズは加熱処理をしていないので、自然の風味をそのまま味わえます。

出題の内容としてはさらに詳しく、ヨーロッパ各地で生まれたチーズの名称や製法、ワインとチーズの組み合わせなどを、4択の中から選びます。出題は70問くらいで、合格ラインは正答率70％以上です。

この資格も、僕の場合は仕事に直結するメリットが大きかったです。過去に『芸人報道』というバラエティ番組に出演したときには、この資格を活かして「チーズ性格診断」のようなことをやりました。人の個性をチーズの特徴にたとえて話を展開したんです。

「あっさりしているあなたには、クリームチーズがお勧めです」

「あなたはちょっと癖が強いので、青カビチーズですね」

「あなたにはハードタイプのチーズがピッタリでしょう」

こんなふうに、周りによくいるタイプのあるあるネタをチーズで表現してみました。多くの人が食べているチーズの味や食感を使った話は、共感してもらいやすかったようです。

ラジオの仕事では、数々のヒット曲で知られる演歌歌手の方に、チーズとワインの組み合わせを紹介するといった企画もありました。

ワインに合うチーズの組み合わせは、地域性がポイントです。**ワインと同じ土壌で作られているチーズは、相性がいい傾向があります。**

お酒が飲めない僕はワインに詳しくはなれないけど、お酒が好きな人と話すとき、ワインとチーズの話でなら盛り上がれます。

C・P・A・チーズ検定

難易度	★★★
習得時間	★★★（1ヶ月）
人脈広がり	★★★★
費用	★★★（テキスト代と試験代で1万1000円）
収入アップ	★★
試験方法	試験会場にて受験（講座＋試験）

一口メモ

チーズ好きには女性が多い。おしゃれなワインバーに行ったとき、ワインと相性がいいチーズをさらりと注文できると、スマートな感じがしてモテる……かもしれない。

第4章

資格を持ってるだけで、想定外すぎることが起きました。

西川きよし師匠のご自宅、掃除機は何台？

家電製品総合アドバイザーの資格を活かして、YouTube『市川の最新家電チャンネル』で家電を紹介するようになりました。家電量販店で働いていなくても、ネットを使って独自のコンテンツを発信すれば、うまくいけばたくさんの人に観てもらえるようになります。こうして注目を集め始めると家電メーカーさんの目に留まって、新商品の情報を送ってもらえるようになることは珍しくないでしょう。

僕もそうして、徐々にメーカーさんとのつながりができていきました。**店頭で物色するだけじゃなく、こうしたルートを通してメーカーさんと直接やり取りできるようになるメリットは大きい**です。わからないことは直接質問できるようにもなるので、各社の特徴や家電に搭載される最新の技術にもさらに詳しくなれます。

一歩踏み込んだ知識をもって、自分の家の冷蔵庫をガチで買いに行く動画を配信したら、再生数がぐんぐん伸びる！　そのとき僕が購入したのは三菱の冷蔵庫です。

ここで家電を買う際に、役に立つ豆知識をお教えしましょう。冷蔵庫をお得に買いたいなら、2月に買うのがお勧めです。冷蔵庫の新製品は通常、4月に発売されます。各社フルモデルチェンジした発売後すぐは、最も値段が高い時期です。価格が40万円くらいするものもあるので、新商品になかなか手を出せない人もいると思います。

そこで狙い目となるのが、型落ちの中でも比較的新しいモデル。各社のフルモデルチェンジは4年から長くて10年毎に行われています。このフルモデルチェンジした翌年の2月に、同じメーカーの1つ前の旧型の値段が安くなります。

型落ちと言ってもマイナーチェンジが繰り返されているので、そこまで劣ってはいません。これを踏まえれば、良質な製品を安く購入できる賢い買い方ということになります。

僕が選んだ三菱の冷蔵庫は、ちょうどそのタイミングの製品でした。普通に買ったら定価40万円くらいの製品を、半額に近い20万円代で購入できました。これはかなりお得です。国内で生産されている三菱の高品質や、搭載されている冷凍技術も購入の決め手になりました。冷蔵庫の扉を閉めるときの感触ひとつとっても、質がいいものとそうでもないものは、軽自動車の扉とベンツの扉を閉めるときの違いほど、重厚感に差があります。

そこそこのお値段がする大型家電は、事前にリサーチして慎重に選びますよね？　だから、こうした情報って人に話すととても喜んでもらえます。

でも、これはあくまで庶民的な感覚の話。お金のことは気にしないから最新の物がほしいという人たちだって当然います。いわゆる〝お金持ち〟の皆さんです。芸能界にはそんなお金持ちが多くいます。

ある日、朝日放送テレビの特番『きよしのサキドリヒットウォーカー』に出演しました。MCを務める西川きよし師匠と、当時、M－1グランプリのチャンピオンに輝いて間もなかったミルクボーイの街ロケで、**僕は家電量販店で家電を紹介する役目**でした。

僕が勧めた製品の1つは韓国のメーカーの衣類ケア家電でした。クローゼットをコンパクトにしたような箱型で、中にスーツなどの衣類をかければ、花粉や染み付いた臭いを落としてくれてシワも伸びるという画期的な製品です。

スーツで漫才をしているミルクボーイにとって、きっと魅力的な製品のはず。これから多忙になることを思えば、衣装の管理ひとつにも手間がかかるでしょう。自宅にあると便利に違いありません。

撮影時はまだ、賞金1000万円は手にしていませんでしたが、これからもらえる予定だったミルクボーイの内海くんは、16万円するこの家電の購入をバシッと即決しました！　さすが、M－1覇者の風格です。

これは番組的にもいい見せ場になるな。

そう思っていたところ、きよし師匠もこの製品に興味津々な様子。「それなら、僕も買いますっ!!」と、負けじとばかりに前に出てこられる。

「いやぁ、師匠！　便利といえども16万の家電は即決に割と勇気がいりまっせ。ここは内海くんに花を持たせてあげてー！」そんな僕の心の叫びも届きません。

師匠はさらりと「駒場くんも、いこ！」とくる。号令を受けて、ミルクボーイの駒場くんも購入することに。

「そしたら3台やな！」。ご満悦で僕に言うきよし師匠。

1台売れればすごいと思っていたけど、3台も⁉　紹介しがいがあるな。

「お買い上げありがとうございます！」とお礼を言ってみたものの、いや、でもなんか違うぞ？　見せ場を盗られた内海くんがモジモジしている……。

それ以降も、番組のロケとはいえ、きよし師匠は本気のお買い物モードになって他にもバンバン家電の購入を即決していきました。なんとも豪快です。家電を紹介する手前、買ってくれるのは僕としてはすごく嬉しい。だけどこれは完全に、きよし師匠のお金持ちっぷりが際立つ仕上がりになっている。

お会計のときに、なんとも言えない表情のミルクボーイの2人。それを見て苦笑する僕。きよし師匠はいつでも一生懸命。どんな企画でもその真面目さが際立ってしまう、すごい師匠なのです。

そんな師匠のダダ漏れしてしまうお金持ちっぷりは、同居している息子の西川忠志さんとのこんな会話からも伝わりました。

以前、忠志さんの前で「僕、家電マニアで家に掃除機が4台もあるんですよ」と話したことがあります。

だいたいの人はそういうと、「えー、4台も!?」「そんなにいらないでしょ?」って驚いたり突っ込んだりしてくれるのに、忠志さんの反応はイマイチ。

不思議に思って「忠志さんのうちって掃除機何台ありますか?」と聞いてみると「8台」

という答えが返ってきました。

「えっ、8台も⁉」僕が驚くという、いつもとは逆のパターン。

別に掃除機マニアだからというわけではなく、単に家が広いから、各所に掃除機を置いていて全部で8台あるとのことでした。どんだけデカイ家やねん！　羨《うらや》ましい限りです。

60畳分の空間を集じんできる高度な技術が搭載された空気清浄機についても、

「60畳って、そんな広い家もないやろ！」と僕が突っ込むと、

「うちは52畳やから、ぎりぎりやわ」と動じずにおっしゃる忠志さん。

いやだから、そんなんイレギュラーすぎるし……。恐るべし。庶民派家電芸人殺しの西川ファミリーです。

長嶋一茂さん、高嶋ちさ子さん、石原良純さんの意外な価値観

資格を持ってるだけで、想定外すぎることが起きました。

きよし師匠との一件で、家電の買い物は金銭感覚が近い人と行ったほうがいいという教

訓を得ると同時に（笑）、家電製品総合アドバイザーとしては、ラグジュアリー層に向けた家電の知識も増やそうと思うようになりました。

保険商品もそうですが、家電にもランクの違いがあります。最近の家電業界は、プレミアム家電と呼ばれる富裕層向けの製品の開発に力を入れている傾向もあるくらいです。空気清浄機だけで20万円くらいするようなものもあります。

それぞれの予算や目的を聞いたうえで、その人のライフスタイルに合った家電を選んであげるのがベストです。ファイナンシャル・プランナーが、その人の収入に合わせたマネープランを提案してあげるのと似ています。

よく初対面でも「ねー、何かいい家電教えてよ」と言われるんですが、こうしたざっくりとした質問に答えるのがけっこう難しい。**予算もそうですが、家電選びってその人の好みにかなりバラつきがあるので、万人にウケがいい製品って案外ない**ものなんです。

それを改めて実感したのが、テレビ朝日『ザワつく！金曜日』に出演させてもらったときのことです。僕は持ちネタ「井上小公造」として登場し、出演者の長嶋一茂さんと高嶋ちさ子さんと石原良純さんに、井上公造さんの真似をしながら家電を紹介しました。

テレビ番組で家電の紹介をする際は、いつもなら和やかなムードで受け入れてもらえます。ただ、このときは違いました。

紹介した商品に対して3人から容赦《ようしゃ》ない突っ込みが入りまくる……。紹介する僕はかわいそうなくらい、ボロクソに言われる羽目になったんです（泣）。

「この家電って、こんな最新の機能がついてるんですよ」と僕が言えば、「いらないよ、そんな機能」と口を揃えて返されます。

「この冷蔵庫はこんなこともできて」といえば、「まあ、普通だよね」とリアクションが薄い。

テレビで紹介する以上、メーカーさんのことも考えないといけないのに。僕を潰す気か!! 断言します。あの番組は、やらせや忖度《そんたく》は一切なしだということを……。

お三方は正真正銘のお金持ち。ということで、ラグジュアリーな製品も紹介しました。ノックしたら扉がスケルトンになって中身が見えたり、センサーで扉が自動開閉したりする高機能な冷蔵庫です。お値段はナント、100万円！

これに高嶋ちさ子さんの反応がいい。スタジオで実際に商品に触れて、購買意欲が湧いたようでした。

「これ、買おうかな」とおっしゃる声に「やっと手応えありか⁉」と心でガッツポーズを決める僕。にしても、庶民感覚ではなかなか手を出せない高級品に反応されるあたり、やはりお目が高い。厳しい評価はきっと、そんなところからくるのでしょう。

だけど、**お金持ちだからラグジュアリーな製品だといいのかといえば、そうでもない**様子。長嶋一茂さんは、ペットボトルの水を逆に挿して1分でお湯が沸くっていう便利グッズに興味津々で、購入を決めておられました。

しかも、「8台買う！　周りに配るから」とのこと。気に入ったものを周りに配るっていう豪快さに、いかにもお金持ちっぽい感じが滲《にじ》み出ていましたが。

石原良純さんは良純さんで、「扇風機がほしい」とも言い出しました。えっ、扇風機？　最新のエアコンじゃなくて……、それも意外！


こんなふうに、家電って本当に「その人にピンとくるもの」って様々なんです。機能性が高いものをできるだけ安くっていう〝コスパ重視〟で選ぶのが一般的だけど、そうじゃない場合もあって、**自宅のインテリアにマッチするデザイン性を重視したり、使い慣れて**

いる使用感を大事にしたりすることもあります。

こうした事情から、**家電製品総合アドバイザーは各社の製品に広く精通する必要があります。**資格は前述の通り、家電の基本的な構造や法律を学ぶものなので、**この辺の知識はあとから独学で身につけていかないといけません。**

この資格を使って商売につなげる際には、**メーカーとつながるなどして製品の情報収集ができるルートを持っておくことをお勧めします。**家電は入れ替わりも早いので、常にアンテナを張っておかなければいけないという意味では、やはり家電が人一倍好きな人に向いている資格と言えます。

また、生活水準が僕とは大きく違って家系もすごいっていう芸能界の大御所の方々と仲良くしていただけているのも、僕の場合は家電の資格のおかげです。

ジャンルの違いはあれど、家電って誰もが興味を持ちます。とりわけ最新家電の話をすると、垣根を越えたコミュニケーションができるような面があります。

お茶の間でも、家電の話題は常に人気。家電を紹介するようになってから、テレビ出演の仕事が急増しました。

「家電芸人」として認知されるようになってからは嬉しいことに、芸能界の各方面の人から「市川くん、家電ってどれ買ったらいいの?」と声をかけてもらえる機会も増えていきました。

ハイヒール・リンゴさんの性格を変えたあの資格

家電の資格に限らず、○○アドバイザーって名乗る際すべてに言えることですが、**知識の深さだけが重要じゃなくて、声をかけてもらいやすいキャラクター作りをするっていうのも大事**です。

資格を取ると「先生」って呼ばれて、人にアドバイスする機会や、場合によっては人前で話す機会も増えていきます。

そこで、いかにもプロっぽいけど、話し方がカタくて相手に伝わりにくいって思われてしまうこともあります。そんなイメージがついてしまうと、なかなか次のオファーにつながりません。

持っている資格を宝の持ち腐れにしないためには、専門分野の話が**聞き手にとって有用になるように、かつ、よく理解してもらうためにどんなふうに伝えるかという「話し方」が鍵**です。

そこで、僕がお勧めしたいのが、「コミュニケーションにまつわる資格」。こうした資格を取って、初めて会った人とでもうまく会話ができるようなコミュニケーションスキルを磨いておけば、専門知識を披露するような場面で必ず役に立ちます。

コミュニケーションにまつわる資格は、話し方やスピーチ、プレゼン能力の技能検定などが王道でしょう。

そうした資格ももちろんいいと思います。ですが、僕はあえて、**ちょっと変わり種の「ほめ達！」検定を紹介したい**と思います。ほめ上手になれば、**コミュニケーションスキルが格段にアップするから**です。

トークスキルを上げようと思ったときに、人に好かれようとか、うまく話そうとかすると難しく感じるかもしれません。だけど、身構えずに相手をただほめることから入れば、それだけで距離が縮まって話しやすい空気作りができます。

ほめる技術を身につけておけば、どんな相手とでも臆《おく》することなく話せるようになります。共通点がなさそうな人や年齢が離れている人が相手でも、「ほめ」から入れば露骨《ろこつ》でない限り、まず嫌われはしません。誰でも自分をほめてくれる相手に悪い気はしないからです。

「ほめ達！」検定（通称「ほめ達」）は、「目の前の人やモノ、仕事でいえば商品やサービス、出来事などに独自の切り口で価値を見つけ出す『価値発見の達人』になること」を目的としています。

名前の響きから、お遊び系の検定と受け取るかもしれませんが、単に遊び心から作られたものではなく、「承認型モチベーションを高める」というしっかりしたコンセプトに基づいてプログラムが作成されています。

3級は事前の勉強は不要で、全国で開催されている講師によるセミナーとちょっとしたワークをすれば資格を取得できる仕組みになっているので、気軽に受験できます（Ｚｏｏｍで受講してオンラインで受験も可能です）。

2級からは本格的な講義で、実際のデータに基づいて、マイナスをプラスに変えて話ができるようになるロジカルな理由を学びます。試験ではペーパーテスト以外に、対面による実践の項目が加わってくるので、合格したら達成感もあります。僕は2級を取得しました。

1級はさらに難易度が上がり、試験には論文やプレゼンテーション（スピーチ）が組み込まれてくるようです。

この検定の受験方式の特徴は、「答えが1つじゃない」ことにあります。明確な答えがある他の試験と違って「思考しながら自分なりに答えを作っていく」ところに受験する楽しさがあります。

試験ではたとえば「5万円の入った財布を落としたことを、どんなチャンスと考えられるか？」というシチュエーション問題が出ます。ネガティブな状況をいかにポジティブに変換していくか、という考え方を学べるんです。

他にも、「自分のいいところを50個挙げられるか？」といったテーマについて考えていきます。

これに対していろんな答えが浮かんできたら、普段から物事に対するポジティブ変換を自然と実践できている人かもしれません。でも、まったく言葉が出てこなかったら……？ もしかしたら、ポジティブな発想が苦手で、落ち込みやすい人かもしれません。

日本には昔から、謙遜《けんそん》を美徳とする文化があります。とりわけ教育の現場では、厳しさを良しとする傾向もありました。

団塊の世代や、団塊ジュニア世代と呼ばれる年齢層では、親や先生、上司からほめられた経験が他国に比べて少ないように思います。自分がほめられてないと、相手をほめる言葉がなかなか出てこないってこともあるのかもしれません。

この資格のいいところは、人に対してほめ上手になるだけじゃなくて、ポジティブな思考が身について自分自身のモチベーションも高まることです。

あるとき、番組でハイヒールのリンゴさんとご一緒する機会がありました。リンゴさんといえば、モモコさんと漫才コンビを組んでいる吉本の大先輩。お二人ともNSC（芸人を養成する吉本総合芸能学院）大阪校の1期生で、芸歴40年の大ベテランです。

楽屋で雑談をしていると、リンゴさんがふと、こう言ったのです。

「市川くん、私、言いたいことをズバズバ言っちゃうんよね（笑）。人のことをほめられへんのよ」

その場にいたメイクさんも頷《うなず》きながら、「リンゴさん、確かにいつでも本音で話されますよね（笑）」と同調していました。

ハイヒールのお二人は生粋の大阪人。コテコテの関西弁で繰り出すテンポのいい掛け合いで知られています。リンゴさんはプロレス・格闘技オタクでもあって、男勝りでサバサバした性格でもあります。

市川「リンゴさん、僕、『「ほめ達！」検定』っていうのを持ってるんです」

リンゴ「何なん？　それ」

市川「人をほめて、テンションを上げられるようになる資格ですよ。人ってほめられたら嬉しいもんですけど、でも、どうやってほめたらいいかわかりませんよね？　それでこの資格があるんですよ」

そう言うと、リンゴさんが興味を持ったようでした。僕は話を続けます。

「人をほめるのに覚えておくといい言葉の『3S』というのがあるんです。料理の『さしすせそ』みたいなもんです。全部、形容詞の『サ行』で始まる言葉ですけど、何だと思いますか？　まず1つ目は『すごい』です。そんで2つ目は『さすが』。3つ目が『素晴らしい』です。この3つのSで相手は、ほめられたって感じるんですよ。簡単でしょう？もっと相手をいい気分にしたかったら、この3Sにもう1つプラスα《アルファ》の『S』が加わります。何だと思いますか？『そう来るか』です。3Sと一緒に『そう来るか！』って言うと、相手のテンションが上がるんです」

こう話すと、前のめりになったリンゴさん。「いいやん、その資格。私もそれ、取ってみるわ！」。そう言って後日、本当にセミナーを受講していました。

3級を取得して、「人ってこうやってほめるんやなって、改めてわかった」とリンゴさんは喜んでいました。

楽屋ではさっそく、メイクさんを相手にセミナーで教わった「ほめ」の実践もしていました。大ベテランのリンゴさんに僕がちょっとでも影響を与えられたと思うと、ジワジワと嬉しくなります。

この資格は、**営業職や人を動かす経営者、管理職、教師にも人気がある資格**です。

経営者の場合は、たとえばお互いをほめ合う文化を社内に浸透させることで**会社の業績が伸びたとか、離職率が少なくなった**とかいう声もあがっているそうです。興味がある人はぜひ、チェックしてみてください。

「ほめ達！」検定2級

難易度	★★
習得時間	★★★（1ヶ月）
人脈広がり	★★★★
費用	★★★★（試験代＋講習16500円）
収入アップ	★★★
試験方法	試験会場にて受験

一口メモ

日本は他国に比べて自殺者が多い。日本人は世界基準で平均的に自己肯定感が低いともいわれている。その背景には「ほめるカルチャーが

日本に浸透していない」影響があるのかもしれない。この検定には、日本人の自己肯定感を底上げして自殺者を減らしたいという願いも込められている。

M-1チャンピオンと一緒に取った関西らしい資格

第1章で、「資格を取るのに理由づけなんていらない」という話をしました。そんな僕のスタンスを表すのが、**休みに合わせて受験する**というやり方です。

一般的には、「○○するために資格を取ろう」という理由づけから入って、取る資格を決めたらそこからスタート。受験日に休みを取ったりして、その日に向けて準備をすると思います。

ですが僕は、その逆を行くこともあります。まず、スケジュールと照らし合わせて休日と合致する受験日を探すんです。興味が湧く資格が見つかったら、そこからがスタート！受験の準備を始めます。これが本当の「空いた時間で資格を取る」ってやつでしょう。

「今週末、何も予定がなくて暇だな」とか、「大型連休はどこに行っても混んでるだろうな」とかって思ったら、迷わずその日に受験できる資格を探してみましょう。

活用するのは「資格カレンダー」と検索してヒットするサイトや、娯楽系のユニークな資格が見つかる資格の専門サイトです。そうしたサイトから受験日ベースで受けられそうな資格を探すと、**知らなかった資格をたくさん見つけられるというメリットもあります。**

そうやって取った資格の1つが**「お好み焼き検定」**でした。

この資格は、先ほども登場したM－1グランプリの王者、ミルクボーイの内海くんと一緒に受験しています。内海くんとはプライベートでも遊ぶ仲です。

思えばミルクボーイの初舞台くらいのとき、ネタを見て「面白いなー」って僕から声をかけて、一緒にご飯を食べに行ったのが、仲良くなったきっかけでした。まだＹｏｕＴｕｂｅがなかった時代に、当時のライブ配信ツールを使って3人でネットラジオをしたのは懐《なつ》かしい思い出です。

そんな流れから、「お好み焼き検定、一緒に取りに行けへん？」と軽く声をかけて、遊びに行く感覚で2人そろって受験したのを覚えています。休日にあてるなら、友だちと一緒に受験するっていうのもモチベーションが上がるし、楽しいものです。

地図を見ながら知らない土地にある試験会場に一人で行くっていうのも、けっこう孤独感があります。でも友だちと一緒なら、行き帰りの道のりも寂しくありません。

お好み焼き検定は「にっぽんお好み焼き協会」が主催しているものです。お好み焼き文化の普及を目的にしている検定で、そこまで難易度は高くないので気軽に受けられます。出題は50問で、回答は3択から選ぶ方式や穴埋め問題でした。

僕も内海くんも特別な勉強はせずに、既に持っているお好み焼きの知識で勝負しましたが、2人とも合格できました。

お好み焼き検定の出題の内容は、お好み焼きにまつわる雑学をはじめ、材料や焼き方に関するものです。たとえば、お好み焼きを美味しく食べるために、ジューシーに焼くコツなんかが出題されます。

お好み焼き初心者がやりがちなミスに、鉄板で焼くときに焼きあがるのが待ちきれなくて、ヘラで上からギュウギュウ押しちゃうっていうのがあります。そうすると早く焼けはするけど、生地の中の空気や水分が抜けすぎて、パサパサした食感のお好み焼きになってしまいます。

関西人にとっては割と常識的なことですが、内海くんはこれを知らなかった模様。この検定を受けて以来、お好み焼きを焼いている最中に極力、生地を触らないという新しい自分ルールができたそうです。

話のネタになるような資格をたくさん持っておきたいという人は、こうした「なぜ、その資格があるのか?」という〝検定の目的〟をとらえて、受かりやすい検定を中心に探してみるのもいいと思います。

どんな資格にも検定の目的があります。

難易度が高い専門職の国家資格は、その職に就くための高度な知識やスキルを証明するためのものなので、そこに到達しない人を〝落とす目的〟があるとも言えます。

一方で、**協会が主催するお好み焼き検定のような資格は、お好み焼きをさらに広めたいことから〝基本的には受かってもらうための資格〟として存在するので、難易度は比較的低く、合格率が高い資格**です。

試験日から逆算して休みベースで探すなら、勉強が少なくて済むこうした検定はうってつけです。カッパ捕獲許可証もそうですが、**地域に根付いた独自性のある資格には、こう**

したタイプの資格が数多くあります。ネットで「珍しい資格」とか「変わった資格」とかいうキーワードで検索すると、このタイプの資格がポロポロ見つかります。

空いた時間にこうして遊び感覚で取ったお好み焼きの資格ですが、この資格も仕事に活きてくれました。

草彅剛さん、海原やすよ ともこさんがMCを務める『草彅やすともの うさぎとかめ』という番組で料理対決の出演オファーをもらえたのは、「お好み焼き検定」を持っていたおかげです。

対決のテーマはお好み焼きで、プロの技を1時間だけ教えてもらって作った対戦相手のお好み焼きと、僕が1週間かけて見つけた最強のお好み焼きのレシピで、どっちが美味しいかを競うという内容です。

結果は残念ながら僕が負けてしまいましたが、家族を動員して1週間お好み焼き作りに没頭したことで、お好み焼きに対するこだわりが増しました。

我が家ではこれ以来、お好み焼きに入れる天かすの代わりに、おにぎりせんべいやベビースターラーメン、うまい棒を砕いて入れます。そうすると、お菓子の味が出汁の代わりになって、いい感じに美味しく仕上がってくれます。息子の提案でしたが、番組で審査員をしたお好み焼きのプロにもほめてもらえたポイントでした。

たまたま暇があったから受けてみたっていう薄い動機で受験した検定も、こうやって仕事につながったし、僕の場合はそれだけじゃなくて、家族でお好み焼きを作る時間がもっと楽しくなるという意外な結果にもなりました。

おかげでこの資格も、持っててよかった！　って思えた1つです。**資格を取るのに理由はいらない、理由はあとから発生する**って、つまり、こういうことなんです。

お好み焼き検定初級

難易度	★
習得時間	★（すぐ）
人脈広がり	★★★
費用	★★（試験代4300円）
収入アップ	★★

試験方法　試験会場にて受験

一口メモ

お好み焼き検定の合格ラインは70点以上。でも、合格しなくても、受験すれば試験会場でお土産がもらえる。お土産の内容はお好み焼き粉やソース、鰹節といったお好み焼きをつくる材料。このお土産だけで、受験料の支払いの大部分は元がとれるという噂もある。

今をときめく女優さんの手作りお菓子がもらえた！

僕が資格の数を持っていてよかったと思うのは、**「資格と資格の相乗効果」**で強みを発揮できたときです。

資格を持っていると、その分野に強くなれるのは当然です。だけど資格の数をもっと増やしていけば、思わぬ相乗効果が生まれることがあります。

日本テレビの番組『ウチのガヤがすみません！』に出演したときの話です。今をときめく某若手女優さんをゲストに迎えて、芸人がそれぞれの得意分野でプレゼンをするというコーナーがありました。

勝者には、その女優さんが手作りしたお菓子がもらえるという嬉しい特典つきでした。

僕は、**ファイナンシャル・プランナーと家電製品総合アドバイザーの資格の知識を掛け合わせて、「節電できる家電のお役立ち情報」**というプレゼンテーマを考えました。

こういうテーマで話すのって、お金の肩書きも家電の肩書きもどちらも持っている僕だからこそ、説得力が増すはずです。そこで、次のような節電にまつわるクイズを作ってプレゼンをしました。

【第1問】エアコンは1日2回以上電源を付けたり消したりするなら、付けっ放しにしたほうが得である。◯か×か？

➡答えは◯。1日1回までなら、24時間安定に付けているほうが電気代は安くなる傾向がある。

【第2問】冬場のお風呂でお湯が少ない場合、追い焚きと足し湯では追い焚きのほうがガス代は安い。◯か×か？

⬇答えは×。冬場は足し湯のほうが節約できる。一方、夏場は追い焚きがいい。

【第3問】エアコンと扇風機をうまく使えば、冬場も効率よく部屋を温められる。その際、扇風機の置き方はエアコンと向かい合わせたほうがいい。◯か×か？

⬇答えは×。温風を循環させるために、扇風機はエアコンに背を向けて置いたほうがいい。

ファイナンシャル・プランナーとして固定費の支出を抑える知識を持っていて、かつ家電総合アドバイザーとして家電の仕組みを熟知していれば、こんなクイズを作るのも朝飯前です。

番組ではみんなのプレゼンが終わって判定の結果、僕が勝者に選ばれました。思ってもみなかった人気女優さんの手作りお菓子をゲット！　これは嬉しい。

持っていた2つの肩書きを前面に出して唯一無二のプレゼンができたことで、一生の自慢話になるラッキーを手に入れました。

資格同士の相乗効果は、**「日本茶検定」と「京都検定」**でも実感できました。

日本茶検定は、ＮＰＯ法人が主催するオンラインで受験が可能な検定です。お茶の美味しい淹《い》れ方や、お茶の歴史と文化などが出題テーマで、資格を通して日常で飲むお茶を美味しく飲めるようになります。

僕はもともと日本茶が好きだったので、この「日本茶検定」を持っていました。この資格も特別な目的意識はなくて、軽い気持ちで取った検定です。でもその後、「京都検定」を取ったことで、日本茶検定との思わぬ相乗効果が生まれます。

僕が組んでいるコンビ「女と男」は、京都にあるＫＢＳ京都で『女と男と木村のシャバダバ元気!!』というレギュラーのラジオ番組を持っていました。「京都検定」はこの番組で話題にのぼった延長で取った資格で、別に日本茶検定との連動を意識したわけじゃありません。

だけど、京都といえば宇治茶が有名。日本茶検定で宇治茶の詳しい知識もあった僕に、京都の街ロケのテレビ番組の仕事が舞い込んできました。**どっちか片方の資格だけだと、**

この仕事は入ってこなかったと思います。

資格って本当に、持っているだけでいい看板になるし、予想しなかった方面から幸運を引き寄せてくれます。

京都検定では、京都に数多くあるお寺や神社、伝統などについて学べます。日本文化にまつわる知識は、国際化が進んでインバウンド需要が増えている世の中でも、大きな意味を持つと思います。海外の人に向けて日本をアピールする場面では、資格を通して自国の文化の何かについて、1つでも語れる強みを持っておくと、きっと役に立つはずです。将来性を考えても、今後、意外な専門知識との相乗効果が生まれることになるかもしれません。

海外に目を向けたときに、まず取るべきは英語の検定とか、海外の文化を学ぶことに意識が向きがちです。でも案外、**自国の文化を掘り下げて知っておいたほうが、海外との接点になるケースがあります。**

ゼロから覚える知識よりも、昔から親しんできた身近なテーマのほうが入りやすいし、こうした自国文化の資格もサクッと取得しておくのはいいのではないでしょうか。

日本茶検定1級

難易度	★★★
習得時間	★★★（1ヶ月）
人脈広がり	★★
費用	★★（試験代3300円）
収入アップ	★★
試験方法	オンライン

一口メモ

歴史ある日本茶文化の奥深い世界を学べる。試験は前半試験（50問）と後半試験（50問）に分かれていて、合計100問が出題される。

京都検定3級

難易度	★★★
習得時間	★★★（1ヶ月）

人脈広がり　★★
費用　★★（3850円）
収入アップ　★★
試験方法　試験会場にて受験

一口メモ

ご当地検定の先駆けとして有名で人気も高い京都検定。寺院や花街といった観光スポットについて詳しくなれるのはもちろん、言葉や祭事、京料理などについても学べる。階級は3級、2級、準1級、1級の4段階ある。最上級の1級の合格率は10％を切る難易度で、一部の国家資格より難しいと言われている。

第5章

資格で今、生かされている

「資格」と「資格による人脈」を駆使して果たせた大きな夢

兵庫県の中央部に市川町という町があります。山に囲まれた自然あふれる環境に、河川と田園の風景が広がるのどかな町です。

市川町は脚本家・橋本忍さんの出身地として知られています。橋本忍さんといえば、映画界の巨匠・黒澤明監督の代表作で知られる『七人の侍』や『羅生門』など、日本を代表する数々の名作のシナリオを執筆した方です。

橋本忍さんは生前、ふるさとの景色が自分の感性を育んだと話していたそうです。だからなのか、市川町にくると懐かしい感覚を覚えます。

僕はひょんなことから、そんな**市川町のPR大使をしています。**きっかけは今から7年ほど前、この町の恒例の夏祭りで漫才をしたことでした。

現地の皆さんは、町と名前が同じ「市川」の僕に親近感を持ってくれました。そこで、町の企画政策課の方が「同じ名前だし、うちのPR大使しない？」とシャレで声をかけて

添乗員の資格「国内旅程管理主任者」も持つ僕は、こんな企画にも携わらせていただきました。

くれました。この町で生まれたわけでも住んでいるわけでもない僕がPR大使に⁉　最初は冗談かと思いましたが、とんとん拍子に話が進んでいき、本当に「ふるさと市川PR大使」に就任しちゃいました。それからは市川町に訪れる機会が増えて、現地の方との交流が生まれていきました。

女と男結成15周年ライブを『なんばグランド花月』で行ったときには、市川町の皆さんが団体バスを貸し切って観に来てくれたこともあります。

名前が同じってだけでこんなご縁につながるなんて超ラッキー！　だけど、入り口がシャレだったとはいえ、PR大使は行政に関わるお仕事。大役です。

市川町の人たちの温かさに触れてこの町が好きになっていた僕は、皆さんに恩返しをしたい気持ちがありました。そこで、プライベートの時間も注ぎ込んで、市川町のPRに力を入れていくことにしたのです。

市川町は人口の減少が著しく、2021年に過疎地域の指定を受けています。外から移住者を呼び込むために、生活環境の整備や住民福祉の向上に町をあげて取り組んでいました。

さて、僕に何ができるだろう……？　考えた末に思い浮かんだのは、吉本の先輩のシャンプーハット・てつじさんの取り組みでした。てつじさんは、京都府綾部市にある古民家を買い取って、そこを拠点にして、地域を活性化する町おこしの取り組みをしていました。「これ、僕もやってみたい！」。そう思って市川町で、長い間放置されている空き家の買取りを思いつきました。

町内に僕が所有する『市川ハウス』を作って、そこでさまざまなイベントを催せば、外部から人を呼び込めて、町の活性化につながるかもしれないと考えたのです。

てつじさんの影響もあって以前から、都市部と地方を行き来する二拠点生活（デュアルライフ）に憧れてもいました。セカンドハウスを持つなら市川町は僕にとってぴったりな場所です。特別な観光スポットがあるとか、何か大きな特徴があるとかいうわけではない静かな町ですが、住みたいと思える魅力がこの町にはありました。

さっそく、てつじさんが懇意にされている空き家活用株式会社の和田貴充社長を紹介してもらい、家主がいなくなったいくつかの空き家を内覧させてもらいました。

1軒目は、築年数は経っていても内装がキレイなまま残されていて豪邸といった趣きがある家でした。物件的には申し分ないけど、値段がかなりの予算オーバーのためあえなく除外。

2軒目に訪れた家は、広さはあるけどかなり劣化が進んでいて、部屋の奥からコウモリが飛び出してくるような物件でした。修繕《しゅうぜん》にかなりの手間がかかりそうなので、ここも断念……。

3軒目、4軒目と見ていくも、なかなか「これ！」という物件が見つからない。そこに町の方が「いい物件あるよ」と声をかけてくれたのです。予算とも折り合いがつく理想的な物件と出会えました。下牛尾《しもうしお》という場所で13年間放置されていた、広さ60㎡のこぢんまりとした民家です。

外装や内装の傷みが少なかったこと

自然に囲まれてのキャンプ、最高やったわー。

も好印象でしたが、一番の決め手になったのは、民家の玄関の前に100㎡の敷地と裏山の土地までセットでついてくる、計4500㎡のスゴイ物件だったことです！

「こんなに広い敷地があったら、キャンプ場にして人をたくさん呼べる」

「山の中にフィールドアスレチックを作って、子どもたちの遊び場にできる！」

「夏は納涼で流しそうめんのイベント、正月は餅つき大会だってできる‼」

そんなふうに、やれることが次から次へと浮かんでくるような夢が膨らむ物件でした。


都心部でこんな広い土地を手に入れようと思ったら、かなりハードルが高いのは言うまでもありませ

流しそうめんも、餅つき大会も、本当に実現しました。

ん。だけど地方に足を延ばせば、こんな物件が眠っていることに驚きます。

ただし、長年手付かずだったせいで水道や下水の設備が老朽化し、使用するには大掛かりな工事をしないといけませんでした。

民家の前にある100㎡の敷地も高さ2mもある雑草が生え放題。裏山の土地も整備はされていない自然のままの状態です。

要するに、ライフラインが整っていない空っぽの箱と荒れた敷地があるだけ。人が住むにはあらゆる箇所に手入れが必要でした。こうした理由から、格安物件になっていたのです。

写真のやや中央にあるのが市川ハウス。めっちゃ自然に囲まれてます。

その価格はナント、経費も含めた総額でたった100万円！　**100万円で戸建ての家と4500㎡の敷地が手に入る**なんて、皆さんは想像したことがありますか？

家は人生で一番高い買い物だ、なんて言われます。住宅購入価格の目安は平均的に、年収の7倍ともされているくらいです。

テレワークをはじめ働き方改革の浸透でデュアルライフに憧れを抱く人が増えていますが、自宅以外にセカンドハウスを持つなんて富裕層の特権っていうイメージがありますよね？　でも、もうそんな考えは古くなったと言っていいでしょう。

地方の過疎化は市川町に限らず、全国的にあらゆる場所で問題視されています。地域の労働力の衰退が年々深刻化していることから、各自治体や政府も、都市部に一極集中しないために地方創生のさまざまな施策を打ち出しています。そうしたメリットを享受すれば、**お金持ちというわけじゃなくてもセカンドハウスを持つ夢は叶えられます。**

とはいえ僕も、市川ハウスの構想を思いついた当初は、本当に実現できるのか半信半疑でした。そこで**役に立ったのが、ここでも資格で得た知識でした。**

実は物件購入の100万円という価格は、空き家活用株式会社の和田社長や市川町の役場の方の協力を得て、最終的に実現できた価格でした（あえて言いますが、吉本興業は一銭もお金を出してくれないので、家の購入はガチの自腹でした〈涙〉）。

そもそも僕は個人事業主なので、ローンを組むのも容易ではありません。だけどお金の資格を持っていたおかげで、どうやったら金融機関の審査に無事に通るかや、お得なローンの組み方といった知識は人一倍持っています。

ただし審査が通っても、家は手に入れたらそれで終わりじゃありません。住宅ローン以外に維持費や光熱費、固定資産税などもかかってきます。そうしたランニングコストも、もちろん視野に入れて考えました。

節約や節税の知識をフルに活かして、かかるコストを予算内におさめられセカンドハウスを持つ夢に近づいていけたのです。

また、家の購入にあたって必要な各種手続きや書面の作成は、和田社長に紹介していただいた行政書士さんにお願いしました。

数々の資格を取ってきて培われた〝自分ルール〟があります。それは、知識の浅い分野において「相談できる先輩」とつながっておくことです。この人脈が新しいことにチャレンジするうえで、障壁を小さくしてくれます。

その道に精通する経験豊富な先輩との関係性を築いておけば、専門分野のアドバイスを仰げるだけでなく、そこからさらに、横の人脈を紹介してもらえることもあります。これは貴重なルートです。

たとえば持っている資格の分野で誰かに相談を受けたとき、自分では対処できなければこの人脈を通じて、相談者に信頼できる先輩を紹介してあげることもできます。

講義を受ける資格の場合は、僕はこの人脈作りを意識して積極的に動いて、講師の方に連絡先を教えてもらっていました。ぜひ皆さんも、資格を取る際には参考にしてください。

話を家に戻しますが、僕が手に入れた家は前述の通り、ライフラインの工事や敷地の整備などが必要な物件でした。つまり、格安で物件と敷地を手に入れたのはいいけど、使える家にするにはリノベーションにかなりのコストがかかるのは目に見えていました。

そこで、てつじさんにアドバイスしてもらい、クラウドファンディングで家の改修を手伝ってくれる人を募集して、その様子を動画で配信していくことにしました。

古い民家を蘇らせていく過程をコンテンツにして配信すれば、これから地方への移住やセカンドハウスの購入を検討している人の手引きになると考えたのです。僕の家がキレイになって、市川ハウスの認知も広まって、時代に即した有益なコンテンツを皆さんに提供できる。三方《さんぽう》よしのいいアイディア！

そうして現地の方々の協力のもと立ち上げたのが『「市川町をあなたのふるさとにしよう」プロジェクト』でした。初めての取り組みなのでスタート地点ではうまくいくか不安もありましたが、多くの人がこのプロジェクトに参加してくれて、市川ハウスはみるみる変貌を遂げていくことになります。

■ふるさと市川PR大使「女と男」の空き家プロジェクト
https://www.town.ichikawa.lg.jp/info/1425

「日曜大工士」は趣味にもお金にもなる資格

市川ハウスを拠点に町の魅力を発信していく『「市川町をあなたのふるさとにしよう」

プロジェクト』の第1弾は、軽トラのペンキ塗りや民家の床のクロス剥《は》がしをするという内容にしました。

軽トラは地域の方に寄付してもらえたものでした。格安でセカンドハウスを手に入れられたうえに、車までついてくるなんて！　こんな奇跡もないでしょう。

クラウドファンディングで手伝ってくれる人を募集したら、予想を上回る70人もの人がサポーターになってくれました。

目標金額は30万円に設定していましたが、50万円を超える寄付が集まって達成率は170％以上！　当日は市川町の町花であるひまわりをイメージしたオリジナルカラーの塗料を用意して、専門家をお招きし参加者に直接、指導をしてもらうことにしました。

自分で募集をしておいて言うのもなんだけど、わざわざ自分で働くことにお金を出してくれる人がこんなにいるなんて、当初は思っていませんでした。プロジェクトの滑り出しからつまずかなかったことにほっと胸をなでおろしながら、当日、参加してくれた人に理由を聞いてみると……。

「自分の車を塗り直そうと考えていたから、練習でやってみたかった」というお父さんや、「子どもにそういう体験をさせてみたかった」という親子で参加してくれた人がいました。

なるほど、と納得。何でもお金を出せば人にやってもらえる便利な時代に、手作りするという機会が少なくなっているのだと思います。

そこで、あえて自分たちでやってみる体験の価値が見直され始めていると感じました。だからこそ、こうした「体験できる場」にお金が集まってくるのでしょう。これは市川ハウスにとって幸先の良いスタートでした。

これを踏まえて後日、立ち上げたプロジェクト第2弾は、「チェーンソーを使って丸太をカットしてベンチを作る」とか、「市川町にある農場で夏野菜の収穫体験をする」という内容にしました。体験のテーマを具体的に明示することで、ピンポイントで「それやってみたかった」という人に集まってもらうためです。

プロジェクトはその後も第3弾、第4弾、第5弾……と続いて、フローリング貼りや網戸の張り替え、内装のペンキ塗りなどの作業をテーマにしました。

どれも順調に目標を達成でき、参加してくれた人たちと和気あいあいと家の改修を進めていきました（2024年7月現在もプロジェクトは進行中）。

皆さんのおかげで、市川ハウスはリフォームに成功しました☆

僕も初めての体験ばかりでした。敷地の雑草を取り除く作業では、町長や副町長に草刈機の使い方を教えてもらって汗をかきながらやってみたり、裏山の木を切る作業では本格的なチェーンソーを使ったりと、日常ではできない貴重な経験がたくさんできました。

体力を使う大変な作業もあるけど、思い通りに仕上がれば達成感があるし、何より手作りする物や場所には、購入しただけでは得られない愛着が湧いてきます。参加してくれた皆さんも、楽しみながら熱心に取り組んでくれました。

プロの方に任せるわけじゃないので、ちょっとくらい歪《いびつ》になっても僕としては全然OK。「自宅をリニューアルする本番の前に、練習と思ってやってください」という気持ちで皆さんにお任せしました。

そうして何十人もの人たちの手で、みるみる蘇っていく市川ハウスに感無量……。これぞ、思い描いた「みんなのふるさとになる家」です。

工具への興味や組み立てていく物作りの楽しさを体験するうちに、せっかくだからこの経験を資格にしたいと思うようになりました。

そこで取得したのが日曜大工士の資格です。日曜大工というと実技が必要だと思うかもしれませんが、この資格は在宅で受験ができます。ホームセンターで働く人やＤＩＹ（素人が自分で何かを作ったり、修復したりすること。日曜大工）が好きな人に人気の資格で、日曜大工に使う工具の使い方や床材の種類、壁紙の貼り方、家具などの製作知識を身につけられます。ここで覚えた知識は、生涯に渡って役に立ちます。

自宅のメンテナンスや家具をＤＩＹでできるようになれば、かかるコストを最小限に抑えられるし、何より他にはない世界でたった1つの物を作る楽しさを味わえます。

それに腕が上達すれば、**作った物をネットで販売してお小遣い稼ぎの副業にもできる**でしょう。**工作のハウツー動画を作って配信すれば、そこからも収入が得られるようになる**可能性だってあります。

ただし、この資格はあくまで趣味でやれる範囲の日曜大工の資格です。戸建ての家を一からリノベーションしようと思えば、この資格の知識だけでは難しいことも出てきます。全部が全部、自分で改修できるわけじゃありません。

たとえば排水設備。市川ハウスで特に大掛かりな手入れとなったのは、この排水設備の工事でした。下水道の工事は、地域の指定水道公社しかできません。地域の職人さんに来てもらって、ショベルカーで地面を深く掘るような本格的な工事を行いました。

ライフラインが整った都市部では、引っ越しをしてもここまでの工事をすることはほとんどありません。ですが、日本全土における下水道設備の普及率は8割程度です。

山の中や麓《ふもと》にある町では、排水の配管自体が通っていない物件もまだまだあります。そうした地域では、物件単位でバクテリアを使って汚水を浄化する「浄化槽」の設備が必要になります。これについては僕も事前の知識がなかったので、職人さんに教えてもらって初めて知りました。

この辺りは、手作りでリノベーションする前提で地域の物件を買うときには、頭に入れておきたい知識です。


ここで、地域の物件を探す際のアドバイスをひとつ。今ではデュアルライフ推進のため、自治体が主体となって売り手と買い手を仲介する「空き家バンク」と呼ばれる便利なサービスなどがあります。

そこでいい物件が見つからなくても、諦めるのはまだ早い。住みたい地域を見つけたら、現地に頻繁に足を運んで情報収集することをお勧めします。

現地の人とつながっておけば、知人を介してネットに掲載される前の優良物件を優先的に教えてもらえるかもしれません。場合によっては物件を買う以外のメリットをこちらから提示して大家さんと直接交渉し、割安な価格で購入できるパターンもあり得ます。

新しい土地に引っ越す際には、とにかく大事にすべきは地域の人たちとのつながりです。親睦を深めるためにも、その町を隅から隅まで知り尽くすつもりで、こまめに現地に出向いてみてください。

僕のケースでも、購入した家との出会いは現地での思わぬ偶然がきっかけでした。別の物件を内見しているときにたまたまいらっしゃった方に声をかけられて、家を探していると話すと「じゃあいい物件があるよ」と教えてもらい、急きょ見せてもらったところだったんです。そこが最も理想的で購入を決めた物件になりました。

日曜大工士

難易度 ★★

習得時間 ★★（1週間）

人脈広がり ★★★★

費用	★★★（試験代1万円）
収入アップ	★★★★
試験方法	オンライン

一口メモ

DIYでもよく目にする「2×4（ツーバイフォー）工法」とは、枠組みを柱と壁の両方で支える工法を指し、厚さ2インチ（38㎜）・幅4インチ（89㎜）の規格に加工した木材を「2×4（ツーバイフォー）材」と呼びます。こうしたちょっとツウな専門用語や、工具の名前を学べるのもこの資格のメリット。DIYが好きな人はチェックしてみよう。

セカンドハウスが、家電のショールームになった！

お金の資格を活かして手に入れて、日曜大工の資格でDIYしながら改修をして、周りを巻き込みながら地域に貢献できる拠点として育っていった市川ハウス。ここにさらに、家電製品総合アドバイザーの資格が活用できるとは思いませんでした。今となれば市川ハウスは、**僕の資格人生の集大成ともいえる大きな役割を果たしてくれるようになっています。**

僕のYouTube『市川の最新家電チャンネル』を通じて、家電メーカーさんから新商品の情報をもらえるだけじゃなく、現物をプレゼントしてもらえることも増えていました。ぜひ使ってみたいし、ありがたいことです。

だけど雑貨や食品ではなく家電の場合は、家の中に置けるスペースを確保しないといけません。次から次へともらっていたら、家の中が家電だらけになってしまいます。そこで、セカンドハウスがこのうえなく役に立ってきました。

自宅に置けない家電は、市川ハウスに設置できます。冷蔵庫、電子レンジ、掃除機、オーブントースターなど。おかげさまで、セカンドハウスの家電はほとんど購入しなくて済んだくらいです。

市川ハウスには現地の方はもちろん、クラウドファンディングに参加する多くの人たちが訪れます。その際に、使っている家電に皆さんに触れてもらえます。つまり、いつの間にかここが家電のショールームになっていたのです。

僕がそこにいれば、**家電アドバイザーとして商品の説明をしてあげられます。**「この家電いいね」「私もほしい！」って言う人がいれば、メーカーさんへの恩返しもできるようになります。

もっと言えば、その延長線上で**ファイナンシャル・プランナーとしてライフプランの提案もできるし**、**生命保険募集人なので保険商品を取り扱って販売する**ことも僕にはできます。**食品衛生管理士の資格とお好み焼き検定を活かせば、自慢のお好み焼きを作って販売もできる！** まさにドリームハウスです。

さらにメリットになったのは、戸建てに家電を設置する際に、電気工事士の方に来てもらい、目の前でエアコンなどの取り付け作業を見せてもらえたことでした。

家電製品総合アドバイザーの資格では、家電そのものの構造は学べます。ですが、個々の家の壁の中にある電気の配線やエアコンの配管がどうなっているかまでは学べません。家電そのものの説明ならいくらでもできるけど、電気工事にまつわる知識は皆無でした。

実際に家電を購入する際には大型家電の場合、こうした自宅の配線や配管事情も関わってきます。特にエアコンは室外機の設置も必要になってくるので、置き場所はどうするかといった視点も必要になってきます。

お店でただただ「この新商品、いいですよ！」と店員さんに教えてもらって気に入っても、家との相性が悪ければ設置が難しいケースもあるはずです。

こうした家電の配線や配管の仕組みを学べたのも、僕の場合、市川ハウスのおかげでした。家電製品総合アドバイザーとして成長できる、願ってもないチャンスを得られたのです。

日曜大工士の資格もそうですが、教科書を読み込んで知識は頭に入っても、実務をこなさないと見えてこないことはたくさんあります。

オンラインで受験できる資格が増えて、資格を取得するには便利な世の中になりました。だけど、テキストで覚えるだけでは机上の空論になりやすいのも確かです。

市川ハウスで実践の場を設けてから、各分野のベテランの職人さんたちの仕事ぶりを見せてもらい、「百聞は一見にしかず」ってこういうことだなと実感しました。

資格マスターの僕が言うのもなんですが、その道でプロフェッショナルになるって本当に大変です。教科書での学びには限界があります。試験に合格しただけでプロというのはおこがましいでしょう。

合格証はあくまでその分野のゲートを潜《くぐ》るためのパスポートです。このパスポートを持っているのと持っていないのとでは大きな差があるので、そこに資格の意味があります。

とはいえ、合格証をただ家に飾っておくだけの物にしないためには、**その資格にまつわる現場に足を運んだり、実践できる場を積極的に探してみたりすることを推奨します。**

きっと新しい発見があって、ますますその世界に興味が湧いてくるはずです。

資格で人生が180度変わった。次は、あなたの番！

僕はお笑い芸人である一方で、こうして数々の資格を取得してきました。

他のすべての業界がきっとそうであるように、お笑い業界もその道一本でやるには厳しい世界です。努力すれば必ず報われるというわけではなく、売れるにはもともと備わった才能やセンスも必要です。

僕は現在テレビで活躍している千鳥さんや麒麟《きりん》さん、かまいたちと同世代です。この世代は特に、才能がある人たちを大勢輩出しています。

NSC時代はそんな天才たちが横並びでわんさかいる状況で、オーディションを受けてもなかなか突破できませんでした。公民館で開催するインディーズライブに出場しながら場数を踏んで、オーディションに受かるのには1年を要しました。

そのとき、はじめて吉本からもらえた給料は500円。源泉徴収されて手取りは450円でした。それでも、すごく嬉しかったことを覚えています。

当時の相方とは、大学4年生で売れなかったら芸人を辞める約束をしていました。そして鳴かず飛ばずの時代が続いて、お笑いの世界を離れます。

でもステージに立ったときの楽しさが忘れられなくて、改めてこの世界でやっていくと決心して戻ってきました。

僕はお笑い芸人としては地味なほうです。感覚も庶民的だし、取り立てて誇れる才能が何かあるわけではありません。

それでも**この世界で長年やってこられたのは、オリジナリティをうまく利用してきたからです。天才に勝てないなりの戦略として、ナンバーワンにはなれなくても、オンリーワンにはなれると考えました。この考えが資格マスターにつながっていきました。**

100人に1人の才能を持っていなければ、1の能力を100持っていればいいというのが僕の持論です。持っている47の資格、それぞれで僕はナンバーワンではありません。だけど47の分野の話ができるという意味では、芸人の世界ではオンリーワンの存在です。

この発想は、一度芸人の世界を離れてサラリーマンで営業をしていた時代に身につけました。

「営業で好成績を残すなら大口1本ちゃうで！　小口をいっぱい作るんや」

当時の上司にこう教え込まれた言葉が活きています。その方向で考えて、僕は資格の〝数〟で勝負をしようと思いました。

力の差がある天才と競争しようとすると心が折れてしまいます。できないことを目指すより、できることを見つけていくほうが楽です。

そのできることをひとつずつクリアしていけば、それだけで誰でも唯一無二の度合いが強くなっていきます。これが本書で読者の方に最も伝えたいことです。

僕は資格の取得でも、**すごく努力しないと取れないような資格は基本的には選ばないようにしています。**

資格マスターの人たちのなかには、難易度が高い資格にチャレンジして合格することを喜びにしている人もいますが、僕のスタンスは違います。

「合格証をもらうこと」をミッションにして、そのゴールを達成できる資格選びをしてきました。このやり方を選んだのは、威張《いば》って言えるようなことじゃありませんが、シンプルに僕が勉強が得意じゃないからです。

「なんだそれ?」と思われるかもしれません。だけど、ここが割と重要なんです。

そもそも勉強が好きな人なら既に難しい資格にチャレンジしているだろうし、この本を手に取ってもいないでしょう。

カッコつけて賢そうな資格を取ろうとしたり、持っていて箔が付くような資格に走っていたりしていれば、僕は資格マスターにはなれていなかったと思います。

受験して不合格ならモチベーションは下がります。反対に**合格できると、もっと合格したいと思って次の意欲につながります。このモチベーションの維持**を、僕は何より大切にしてきました。

本業を疎かにしてしまえば元も子もないので、資格はなるべく空き時間を有効利用して取るようにもしていました。これが資格の数が増えていくコツです。

子どもの頃、日常で〝できるようになったこと〟のご褒美《ほうび》にシールやバッジをもらって喜んだ記憶はないですか？　シールやバッジをもらえることが嬉しくて何かに頑張れたっていう経験があれば、それをイメージしてください。僕にとっての資格取得はこれと似ています。

僕は資格マスターというよりは、「合格マニア」と言えるかもしれません。受験をクリアして合格証がもらえるって、自己肯定感がすごく上がるんです。

合格を繰り返すごとに承認を得る体験が積み重なっていくと、自分の中で満たされた気持ちが大きくなってきます。これを続けていれば、自己イメージがどんどんポジティブになっていきます。まるで無敵になったみたいに。それを、身をもって実感しています。

ほとんどの人は大人になるにつれて、子どもの頃のように合格証をもらえる体験が少なくなっていきます。昔は自転車が乗れるようになれば、ほめられた。逆上がりができるようになれば「すごい！」って喜ばれた。忘れ物をしないだけで「偉いね」って言われた。でも、大人になると「そんなのできて当たり前」って扱われるようになります。どちらかというと、失敗ばかり取り上げられます。

学歴やキャリアや今の肩書きが常について回って、周りからの評価が自己イメージになりやすいと思いませんか？　仕事で目標を達成できないとか、周りより自分が劣っているように感じるとかいう悩みを持っていればなおさらです。

僕がお笑いの世界で天才と呼ばれる人たちと対等に勝負しようとしていれば、今の自分はきっとありません。**できないことよりできることをやって、ナンバーワンよりオンリーワンを目指してきた**からこそ、こうして今、ここにいられると思っています。

資格は僕の人生を180度変えてくれました。この喜びをぜひ、皆さんにも味わっていただければと思います。

最後に、資格取得に際して、僕の経験を通して得た3つの格言をお伝えします。

格言 その1
本業と無関係な資格を取ったほうが新しい世界が広がる

僕はナント、行政書士の方たちに向けたセミナーの講師をしています。**お笑い芸人と行政書士。**一見ミスマッチな組み合わせに思えますよね？　この依頼がきたとき、自分自身が何より驚きました。

行政書士ってちゃんとしているというか、ちょっとカタめの職業ってイメージがあると思います。お笑い芸人の僕がそんな方たちを前に教壇《きょうだん》に立つなんて、きっとマネージャーさえ予想していなかったはず。

だけど、よくよく考えると、**このミスマッチこそが資格によって世界が広がる足掛かりになる**んじゃないかと思い始めました。

僕はお笑い芸人でありながら資格マスターです。ここがそもそも、ミスマッチですよね？　つまり、この**ブルーオーシャンを狙ったからこそ、唯一無二の存在になれました。**

「お笑い芸人なのに、お金に詳しいの？」

「お笑い芸人なのに、ラグビーレフリーなの!?」

この意外性が、芸人のフィールドを越えて新しい世界に引き込んでくれたとも言えます。これを僕は「本業と意外な資格のハイブリッド効果」と呼んでいます。

一般的に、資格は本業に活かせるものだから意味がある、と考えやすいと思います。だけど、これまでお話ししてきた通り、それだと**同じようなライバルがわんさかいる**んです。

「行政書士なのに、カッパ捕獲許可証を持っているの？」

「建築士なのに、チーズの資格を持っているの？」

こんな驚きがあったほうが、オリジナリティが際立ってくると思いませんか？

本業とは一見、無関係の資格を取ってみる。こんな発想で資格選びをすれば、きっと新しい世界が広がってくるはずです。

格言 その2

誰かに求められた資格を取ってみる

モチベーションを下げないために、仕事に活かせそうでも興味のない資格は取らないようにしています。

ただ、例外があります。それは**「誰かに求められた資格は取るようにしている」**ってことです。

たとえばここまでの話で言えば、第3章で話した、月亭八光さんに勧めてもらったラグビーレフリーの資格や、添乗員の資格がそれに当てはまります。

家電製品アドバイザーの資格も、もともと家電が好きだったとはいえ、先輩に「おまえって家電量販店の店員みたいだな」って乗せられなければ、わざわざ難易度が高いこの資格にはチャレンジしていなかったかもしれません。

誰かにアドバイスしてもらった資格を取るメリットは、**アドバイスしてくれた人を味方につけるため**です。言われたその通りに実行してみて、そこで合格っていう結果を出せば、アドバイスしてくれた人が自分のサポーターになってくれるようになります。

「あいつ、本当に俺の言う通りにしたんだな……。いっちょう応援してやるか！」

こんな気持ちになってくれるみたいです。

それに、周りのアドバイスって絶対、人生に活きるものだと僕は思っています。自分に求められたことは、あれこれ考える前にとにかくやってみる。自分では気づかなくても、他人から見たら向いている可能性も十分にあります。こうして視野を広げていくのもアリだと思います。

格言 その3
1年に1つ資格を取ることを目指す

毎年、一歩ずつでも目に見えて成長を実感できたらいいと思いませんか？　年初にまっさらな気持ちで、今年の抱負を決めることってあると思います。

でも、年末になってみると、そうやって決めた抱負自体すっかり忘れていたりします。

これって〝あるある〟ですよね？

「去年の自分より、仕事で飛躍する！」

「去年の自分より、プライベートを充実させる！」

こんなふうに抽象的な意気込みだと、年末になってそれができたのかどうか自問自答して、できていなかったら落ち込んでしまいます。努力しても結果がついてこないと自分にガッカリしてしまいます。

僕に言わせればこれがマズイ。こうした積み重ねは自己肯定感を下げてしまいます。そこで資格を利用してみるのです。

これからは**年初の抱負として、最低1つだけでいいので資格を選んで、合格を目指す**ことにしましょう！

その際には受からない資格を選ぶんじゃなくて、**受かる資格、合格できそうな資格を選ぶのがコツ。**理由は先ほどお伝えした通りです。

これを毎年積み重ねていけば、ちゃんと成長を実感できます。1年を無駄に過ごした、なんて自分にガッカリすることもなくなります。

資格という形で自分の看板が目に見えて増えていけば、ちょっとずつでも確実に成長を実感できるようになります。

以上の3つの格言と、これまでお話ししてきた僕の体験談や意見を参考にして、今後の資格選びに役立てていただければ幸いです。

47の資格を全部1人で取得した「資格芸人」による

47の資格比較リスト

各資格の「難易度」「習得にかかった時間」「人脈広がり度合」「取得に要した費用」「収入アップ度」を、それぞれ5段階評価でつけてみました。

あくまで著者の当時の体験に基づくものであり、著者独自の判断によるものです。数値はおおよその値です。公式に発表されたものではありません。

資格選びの参考になれば幸いです。

FP技能検定3級　P48

難易度　★★★
習得時間　★★★（3ヶ月）
人脈広がり　★★★★
費用　★★★（試験代8000円（学科と実技）＋専門学校代2万円）
収入アップ　★★★★
試験方法　試験会場にて受験

家電製品総合アドバイザー　P82

難易度　★★★★
習得時間　★★★（6ヶ月）
人脈広がり　★★★★
費用　★★★（試験代1万5600円（AV情報家電・生活家電合わせて）、テキスト代5000円）
収入アップ　★★★★
試験方法　試験会場にて受験

ラグビーC級レフリー　P74

難易度　★★★
習得時間　★★★（3ヶ月）
人脈広がり　★★★★
費用　★★（試験代3000円）
収入アップ　★★★★★
試験方法　試験会場にて受験

「ほめ達！」検定2級　P123

難易度　★★
習得時間　★★★（1ヶ月）
人脈広がり　★★★★
費用　★★★★（試験代＋講習代1万6500円）
収入アップ　★★★
試験方法　試験会場にて受験

温泉ソムリエ認定者

難易度　★★
習得時間　★（1日）
人脈広がり　★★★
費用　★★★★（試験代2万8600円）
収入アップ　★★★★
試験方法　オンラインか試験会場にて受験

駆け落ち検定（※現存せず）　P37

難易度　★
習得時間　★（30分）
人脈広がり　★★★★★
費用　無料
収入アップ　★
試験方法　オンライン

整理収納アドバイザー2級

難易度　★★★
習得時間　★（1日）
人脈広がり　★★★★
費用　★★★★（講習代＋試験代2万5700円）
収入アップ　★★★
試験方法　試験会場にて受験

国内旅程管理主任者　P98

難易度　★★★
習得時間　★★★（3ヶ月）
人脈広がり　★★★★
費用　★★★（講習＋試験代1万5000円＋テキスト代3000円）
収入アップ　★★★★★
試験方法　試験会場にて受験

カッパ捕獲許可証　P18

難易度　★
習得時間　★（10分）
人脈広がり　★★★★
費用　★（220円＋許可証郵送代）
収入アップ　★★★★★（最高1000万円⁇）
申込み方法　オンライン

日曜大工士　P154

難易度　★★
習得時間　★★（1週間）
人脈広がり　★★★★
費用　★★★（試験代1万円）
収入アップ　★★★★
試験方法　オンライン

生命保険募集人　P57

難易度	★★★
習得時間	★★★（3ヶ月）
人脈広がり	★★★
費用	★★（2500円）
収入アップ	★★★★★（働けば働くほど）
試験方法	試験会場にて受験

京都検定3級　P139

難易度	★★★
習得時間	★★★（1ヶ月）
人脈広がり	★★
費用	★★（3850円）
収入アップ	★★
試験方法	試験会場にて受験

C.P.A.チーズ検定　P105

難易度　★★★
習得時間　★★★（1ヶ月）
人脈広がり　★★★★
費用　★★★（テキスト代と試験代で1万1000円）
収入アップ　★★
試験方法　試験会場にて受験（講座＋試験）

日本茶検定1級　P139

難易度　★★★
習得時間　★★★（1ヶ月）
人脈広がり　★★
費用　★★（試験代3300円）
収入アップ　★★
試験方法　オンライン

食品衛生責任者　P23

難易度　★
習得時間　★（1日）
人脈広がり　★★★
費用　★★★（講習代＋試験代1万円）
収入アップ　★★★
試験方法　試験会場にて受験

英検（実用英語技能検定）準2級

難易度　★★★★
習得時間　★★★★（半年）
人脈広がり　★★★
費用　★★★（試験代8500円）
収入アップ　★★★★
試験方法　試験会場にて受験

漢検（日本漢字能力検定）準2級

難易度　★★★★
習得時間　★★★（3ヶ月）
人脈広がり　★★★
費用　★★（試験代3500円）
収入アップ　★★★★
試験方法　試験会場にて受験

珠算検定試験準2級

難易度　★★★
習得時間　★★★★★（3年）
人脈広がり　★★
費用　★★（試験代1900円）
収入アップ　★★
試験方法　試験会場にて受験

剣道初段

難易度	★★★★
習得時間	★★★★★（6年）
人脈広がり	★★★
費用	★★（試験代3300円）
収入アップ	★★
試験方法	試験会場にて受験

柔道初段

難易度	★★★★
習得時間	★★★★★（2年）
人脈広がり	★★★
費用	★★（試験代3300円）
収入アップ	★★
試験方法	試験会場にて受験

定年力検定

難易度　★★
習得時間　★★★（1ヶ月）
人脈広がり　★★
費用　★★★（試験代6000円）
収入アップ　★★
試験方法　オンライン

テレビ検定3級（※現存せず）

難易度　★★
習得時間　★★??（長年の知識）
人脈広がり　★★★
費用　★★（試験代4500円）
収入アップ　★★
試験方法　自宅でテストを解く

声優能力検定3級　P40

難易度　★★★
習得時間　★★
人脈広がり　★★★★
費用　★★★（試験代8800円）
収入アップ　★★
試験方法　留守番電話に吹き込んで録音提出

お好み焼き検定初級　P131

難易度　★
習得時間　★（すぐ）
人脈広がり　★★★
費用　★★（試験代4300円）
収入アップ　★★
試験方法　試験会場にて受験

マナー検定初級

難易度　★★
習得時間　★★★（1ヶ月）
人脈広がり　★★★
費用　★★（試験代4980円）
収入アップ　★★
試験方法　試験会場にて受験

ダグラス・マッカーサー検定（※現存せず）P36

難易度　★
習得時間　★（30分）
人脈広がり　★★★★★
費用　無料
収入アップ　★
試験方法　オンライン

タイピングエキスパート5級（※現存せず）

難易度	★？？（自分のタイピングのスキル次第）
習得時間	★？？（自分のタイピングのスキル次第）
人脈広がり	★★
費用	★（500円）
収入アップ	★★
試験方法	オンライン

人材派遣検定（※現存せず）

難易度	★★
習得時間	★★★（1ヶ月）
人脈広がり	★★
費用	★★
収入アップ	★
試験方法	オンライン

ランニングアドバイザー

難易度　★★

習得時間　★（2日間）

人脈広がり　★★★★

費用　★★★★★（5万8000円）

収入アップ　★★★★

試験方法　2日間の講習、試験、実技

イクメン士

難易度　★★

習得時間　★（1日）

人脈広がり　★★★

費用　★★★（1万円）

収入アップ　★★

試験方法　6時間の講習、試験

あいさつ検定5級（※現在は5級は存在せず）

難易度 ★
習得時間 ★（1日）
人脈広がり ★★★★
費用 無料
収入アップ ★★★
試験方法 オンライン

国旗知識検定5級

難易度 ★★
習得時間 ★★★（1ヶ月）
人脈広がり ★★
費用 ★★（3500円）
収入アップ ★★
試験方法 試験会場にて受験

普通自動車第一種運転免許

難易度	★★★★
習得時間	★★★（3ヶ月）
人脈広がり	★★★
費用	★★★★★（30万円）
収入アップ	★★★★★
試験方法	教習所、試験会場にて受験

普通自動二輪免許

難易度	★★★★
習得時間	★★★（1ヶ月）
人脈広がり	★★★
費用	★★★★★（13万円）
収入アップ	★★★
試験方法	教習所、試験会場にて受験

原付免許

難易度　★★
習得時間　★（1日）
人脈広がり　★★★★
費用　★★（6000円）
収入アップ　★★★★
試験方法　教習所、試験会場にて受験

サウナ・スパ健康アドバイザー　P90

難易度　★★
習得時間　★★（1週間）
人脈広がり　★★★★
費用　★★（5000円）
収入アップ　★★★
試験方法　オンライン

サイクリング王国わかやま検定

難易度　★★
習得時間　★★（1週間）
人脈広がり　★★★
費用　★★（3000円）
収入アップ　★★
試験方法　試験会場にて受験

日本化粧品検定3級

難易度　★
習得時間　★★（1週間）
人脈広がり　★★★
費用　無料
収入アップ　★★
試験方法　オンライン

姿勢診断士5級

難易度	★
習得時間	★★（1週間）
人脈広がり	★★
費用	無料
収入アップ	★
試験方法	オンライン

実用マナー検定準3級

難易度	★★
習得時間	★★（1週間）
人脈広がり	★★
費用	★★（4070円）
収入アップ	★
試験方法	オンライン

相続総合コンサルタント補（※現在受験できず） P65

難易度	★★★
習得時間	★★★（1ヶ月）
人脈広がり	★★
費用	無料
収入アップ	★★★
試験方法	オンライン

色彩士検定4級

難易度	★
習得時間	★（1日）
人脈広がり	★★
費用	無料
収入アップ	★★
試験方法	オンライン

e-おむつ検定

難易度　★★
習得時間　★★（1週間）
人脈広がり　★★★
費用　★（1500円）
収入アップ　★★★
試験方法　オンライン

だしソムリエ3級

難易度　★★★
習得時間　★★（1週間）
人脈広がり　★★★
費用　★★★★（1万6400円）
収入アップ　★★
試験方法　オンライン

ＪＢＡ公認Ｅ級審判

難易度	★★
習得時間	★★（１週間）
人脈広がり	★★★★
費用	★★（２５００円）
収入アップ	★★★
試験方法	オンライン

筋トレインストラクター

難易度	★★
習得時間	★★（１週間）
人脈広がり	★★★★
費用	★★★（１万円）
収入アップ	★★★★
試験方法	オンライン

タイピング技能検定8級 P28

難易度 ★
習得時間 ★（1日）
人脈広がり ★★
費用 無料
収入アップ ★★
試験方法 オンライン

おわりに

ここまで読んでいただき、ありがとうございます。本書を制作するにあたって素直に思ったのは、「本を出版するのって大変だなぁ」ってことです（笑）。

僕は今回、吉本興業が所属タレントに向けて主催する『吉本出版オーディション』をくぐり抜けて本を出させてもらっています。

吉本出版オーディションには２００名近い人が応募して、書類選考を通過したのは30名でした。そこに僕は残ることができました。

だけど、そこで終わりじゃなくて、残った30名と一緒に３ヶ月間、出版業界の講師の方による企画書の作り方のセミナーをみっちり受けました。

自分の本を出したいという気持ちは人一倍あったけど、なにしろ出版なんて初めての経験です。本の企画書を作ることは、普段、ネタを考えるようにスムーズにはいきませんでした。正直、途中で心が折れそうになりながらなんとか乗り切りました。

でも、まだ終わりじゃありません。頭を捻《ひね》りながら企画書ができたら、出版社の編集さんの前でプレゼンをします。緊張の中なんとかこれもやり通しました。

審査の結果、何人かの編集さんが僕を評価してくれました。その中で最も高評価をくださったGakkenさんとのご縁で、僕の企画書は出版を目指す軌道に乗ることができました。

最終的に評価をしてもらえたのは30名の中から、さらにたった数名に絞られていました。本を出すのって、これくらいハードルが高いんです。

本当に大変でしたが、貴重な体験をさせてもらいました。ここまでくるのにたくさんの方の協力を得てこの本は完成しました。

出版のチャンスを与えてくださったGakkenの杉浦さん、ありがとうございます。また、取材担当の山本さん、吉本興業の松野さんや神里さん、この本の制作に携わってくれたすべての方に感謝しています。

僕が本を出せる日がくるなんて思ってもみませんでした。人生何があるかわからないから、ホンマ面白いです！

この場を借りて、僕の芸人人生の長年のパートナーである相方のワダちゃんにもお礼を言わせてください。

思えば、この世界に入ってから「芸人はいつ売れるかわからない」っていう出口が見えないトンネルをずっと走ってきました。楽しい記憶は多いけど、思い通りにいかなくて厳しい現実をつきつけられた経験も少なくありません。

本書を制作しながら、昔からの夢だった芸人という仕事が今日までできているのは、改めて奇跡という気がしました。それは資格のおかげだけじゃなくて、相方のワダちゃんがいたからです。

「資格芸人」や「市川ハウス」っていうやりたいことができているのは、僕のわがままを聞いてくれて、文句も言わずに応援してくれる頼もしい相方がいてくれるからに他なりません。

兵庫県市川町にある「市川ハウス」では、おかげさまで偶然にも、本書の発売と重なった2024年8月にキャンプ場もオープンを果たせました。

今後もこの場所を盛り上げていくために、コンビで面白い企画をいろいろとやっていこうと思っています。読者の皆さまもよかったらぜひ一度、市川ハウスに遊びに来てくださいね！


そして最後に、僕をいつも支えてくれる家族にも感謝を伝えたいと思います。家族がいるから頑張れるし、人生が楽しいと思えています。

もっとみんなが笑顔になれるようにこれからも走り続けていきます！

本書が一人でも多くの方の目に触れて、読者の方にとって「資格を通して人生が豊かになる」お手伝いができるよう願っています。

2024年8月　女と男 市川義一

「地味な資格」だけで
人生は豊かになる

2024年9月10日　第1刷発行

著　　者　女と男 市川義一
発 行 人　土屋 徹
編 集 人　滝口勝弘
編集担当　杉浦博道
発 行 所　株式会社Gakken
〒141-8416　東京都品川区西五反田2-11-8
印 刷 所　中央精版印刷株式会社

●この本に関する各種お問い合わせ先
本の内容については、下記サイトのお問い合わせフォームよりお願いします。
https://www.corp-gakken.co.jp/contact/
在庫については　Tel 03-6431-1201（販売部）
不良品（落丁、乱丁）については　Tel 0570-000577
学研業務センター　〒354-0045　埼玉県入間郡三芳町上富279-1
上記以外のお問い合わせは　Tel 0570-056-710（学研グループ総合案内）